JN246525

知識移転の ダイナミズム

実践コミュニティは国境を越えて

【著】
中西善信
Yoshinobu NAKANISHI

Dynamism of Knowledge Transfer

東京 白桃書房 神田

はじめに

> 「愚者は経験に学び，賢者は歴史に学ぶ」
>
> （オットー・フォン・ビスマルク）

知識の創造と獲得

　無から生命が生まれるか。宇宙最初の生命はさておき，一般に，親なくして新たな生命は誕生しえない。そして，親の DNA をそっくりそのまま受け継ぐ無性生殖よりも，雌雄の DNA の組み合わせによる有性生殖の方が，より大きな多様性を生み出し，進化のスピードも速い。

　では，無から知識は生まれるか。不可能ではないかもしれない。しかし，外部から遮断された暗闇の中での瞑想だけから優れたアイディアを生み出せるのは一握りの天才のみであって，私のような凡人は他者との交流の中でヒントを得てアイディアを生むのである。よい考えは馬上，枕上，厠上で生まれるとはいっても[1]，その状況に入る前に，どこかでインプットを得ているはずだ。

　経営においても同様である。イノベーションは，一般には既存の技術やアイディアの組み合わせによって生まれるとされるし，イノベーションへのヒントは，産業のリーダー企業からよりも，その産業以外の外部者によってもたらされることの方が多いともいわれる（Utterback, 1996）。外部との接触なくして頭の中だけでイノベーションを生むことは困難なのである。

　冒頭のビスマルクの言葉も，彼自身の言葉は「愚者は（失敗を含む）自らの経験を通じた学びを重視するが，私はむしろ，最初から自分の誤りを避けるため，他人の経験から学ぶのを好む」というものであったらしい。つまり，ビスマルク自身は自らの経験から学ぶことを否定しているわけではな

1　三上すなわち馬上，枕上，厠上とは，それぞれ，乗り物に乗っているとき，布団の中，及び便所の中を意味し，それぞれ，良い考えの生まれやすい状況を端的に示している。

く，他者の経験から学ぶ方が効率的だと考えたのだろう。

　本研究は，組織による「他者からの学び」に着目し，知識移転，すなわち組織による外部からの知識の取り込みについて検討したものである。特に，知識の移転経路として活用される組織間・個人間の紐帯（つながり）の形成プロセスに関して明らかにすることを目指した。それにより，企業等がその実務において知識移転を進めるための実践的なサジェスチョンを得ることができると考えたためである。

組織学習と個人の学習

　一方，組織学習の基本的な要素は個人の学習である（March, 1991；March & Olsen, 1976；Shrivastava, 1983；Simon, 1991）。また，知識移転を支えるような組織間の連携も，個人間のつながりがその基本である（金井，1994）。このため本研究においては，組織レベルでの知識移転に加え，個人の学習を分析し，組織学習の一形態である知識移転との関係について検討を行った。

　そして特に，個人の学習に関して，組織の境界を越えた「越境型実践コミュニティ」[2,3] に焦点を当てて実証研究を行っている。知識移転は組織の学習のうち他組織等の学習結果に基づく知識の移転に着目するものであり，これに対応する個人の学習としては，やはり組織外部との関わりを得られる場が重要だと考えたためである。

　分析対象としては，国際航空分野における越境型実践コミュニティを通じた知識移転を選定した。その調査分析の過程は，筆者自身にとっても非常にワクワクするひとときであった。世界規模での包括的・多面的かつダイナ

2　実践コミュニティとは，「あるテーマに関する関心や問題，熱意などを共有し，その分野の知識や技能を，持続的な相互交流を通じて深めていく人々の集団」をいう（Wenger, McDermott & Snyder, 2002, 訳書 p.33）。実践コミュニティについては第2章2.2節にて詳しく論じる。

3　本書では，個人が，自らの所属する組織の境界を越えて活動することを越境とよんでいる。一方，香川（2011）は，組織境界にこだわらず，学習が生じる文脈間の横断を越境とよんでいる。越境の持つ意味に関しては筆者自身の研究において一層の検討が必要であるが，この点については今後の課題としたい。なお，この「越境とは何か」との問いは，首都大学東京の高尾義明教授よりいただいた。厚くお礼申し上げます。

ミックな知識移転プロセスを目の当たりにすることができたためである。この点において本研究は、グループ企業間、戦略的アライアンス内パートナー企業間といったどちらかというと閉じた組織間関係を分析対象とする先行研究群と大きく異なるものと自負している。そのワクワク感を読者の方々と共有することができれば幸いである。

本書の想定する読者

　本書は第1に、組織学習、知識移転及び個人の経験学習・実践コミュニティ等に関心を持つ研究者及び学生を読者として想定している。読者諸氏の研究において、多少なりともインプリケーションを示すことができれば幸いである。また本書が想定する第2の読者は、民間企業や官庁等で、組織能力や職員技能の向上に取り組まれている実務家の方々である。今後の活動へのヒントを得ていただければと思う。

　なお、航空分野における専門用語については適宜「コラム」で説明しているので、航空分野外の読者諸氏におかれては、適宜各コラムでの説明を参照いただきたい。

お世話になった方々

　本書は、私が神戸大学に提出した博士論文に基づき、加筆修正して執筆されたものである[4]。大学院入学を経て論文執筆、そして本書上梓に至ることができたのは、数多くの方々のご指導及びご協力の賜物である。心からそう思う。

　初学者レベルからスタートして博士後期課程修了に至ることができたのは、何よりも北海道大学大学院経済学研究科（修了時）の松尾睦先生の熱いご指導あってのことである。松尾先生には研究そのものに関する助言だけで

---

[4] 本書のベースとなる博士論文「実践コミュニティを通じた知識移転：国際航空分野における新技術の普及」（中西, 2014a）は、神戸大学学術成果リポジトリにて閲覧可能である（URL：http://www.lib.kobe-u.ac.jp/repository/thesis/d1/D1006116y.pdf）。詳細な議論やそのベースとなる諸データについては、当該論文を参照されたい。

なく学術界で生きてゆくための様々な知恵を授けていただいたが，それらは，暗黙知として私自身の体内に息づいていると感じる。

　神戸大学大学院経営学研究科での研究にあっては，特に，金井壽宏先生，髙橋潔先生及び平野光俊先生から様々なアドバイスをいただいた。金井先生と社会人 Ph.D. 金井ゼミの各位には，3 年次からのゼミ編入を快く受け入れていただいたことを深く感謝する。そして，金井先生のポジティブなアドバイスには，いつも前進する勇気をいただいた。髙橋先生には，方法論上の問題点等に関して詳細にご指導いただいた。平野先生には，議論を精緻化するためのポイントを数多くご指摘いただいた。

　また，本研究の源流ともなる修士課程時代の研究に際しては，放送大学大学院文化科学研究科（当時）の西川泰夫先生にご指導いただいた。博士後期課程へ進むきっかけを下さったのも西川先生である。先生の一言がなければ，博士後期課程への扉の存在にも気付かなかったであろう。

　もともと神戸大学と接点のなかった私が博士後期課程に滑り込み，溶け込むことができたのは，神戸大学大学院経営学研究科社会人博士課程後期課程同窓会（通称 Ph.D. Cafe）会員諸氏のおかげである。特に，堀上明氏，高瀬進氏及び山﨑京子氏の各氏には，入学前からたびたびお世話になった。今後は後輩の支援を通じて少しでもその恩に報いたいと思う。

　データ収集に当たっては，面接調査や質問紙調査へのご協力者の方々をはじめ，多数の方々にご協力いただいた。特に，質問紙配布にご理解・ご協力いただいた各会議体事務局の方々のご厚意は，本研究を成立させる上で不可欠なものであった。匿名性への配慮の観点から皆様のお名前を記すことができないのが残念である。

　質問紙，原稿等のチェックに際しては，甲田直美氏，澤井恭子氏，福田義久氏，鄒兵氏のご協力を仰いだ。改めて感謝申し上げたい。その他，お世話になった全ての方々をここに挙げることができず，申し訳なく思っている。

　そして，本書出版をお引き受けいただき，粘り強くご指導下さった白桃書房と平千枝子氏にも厚くお礼申し上げたい。また，本書の出版は，長崎大学経済学部創立 100 周年寄附金による出版助成を受けて可能となったものであ

る。関係者の皆様には深く感謝申し上げたい。

　最後に，私の研究を支えてくれた家族に感謝の意を表したい。私が現在，社会人として自立できているのも，父・善介と母・あぐりに温かく育ててもらったお陰である。また，神戸大学大学院への進学を誰よりも喜び応援してくれたのは，妻の薫である。大学院入学時の約束（神戸牛ステーキ）すら未だ果たしておらず，利子も相当膨らんでいるのではないかと思うが，縁あって長崎にいる今，卓袱料理その他，分割払いで恩に報いたいと思う。

　ただし，これら多くの方々のご助言・ご支援にもかかわらず本研究に存在しうる一切の誤りは，全て筆者の責任に帰すべきものである。

2017 年 10 月

中 西 善 信

目　　次

〈コラム〉
PBN —— p.4　　　飛行方式—— p.5　　　IFPP —— p.71

略 記 リ ス ト

AIP　　　　　航空路誌（aeronautical information publication）
ATC　　　　　航空交通管制（air traffic control）
ATM　　　　　航空交通管理（air traffic management）
CNS　　　　　通信・航法・監視（communications, navigation, surveillance）
FMS　　　　　飛行管理システム（flight management system）
GPS　　　　　全地球測位システム（global positioning system）
GTA　　　　　グラウンデッド・セオリー・アプローチ（grounded theory approach）
IATA　　　　　国際航空運送協会（International Air Transport Association）
ICAO　　　　　国際民間航空機関（International Civil Aviation Organization）
IFPP　　　　　飛行方式パネル（Instrument Flight Procedure Panel）
JICA　　　　　国際協力機構（Japan International Cooperation Agency）
M-GTA　　　　修正版グラウンデッド・セオリー・アプローチ（modified grounded theory approach）
ODA　　　　　政府開発援助（official development assistance）
Off-JT　　　　オフ・ザ・ジョブ・トレーニング（off-the-job training）
OJT　　　　　オン・ザ・ジョブ・トレーニング（on-the-job training）
PANS-OPS　　航空業務方式 - 航空機運航（Procedures for air navigation services – Aircraft operations）
PBN　　　　　性能準拠型航法（performance-based navigation）
RNAV　　　　広域航法（area navigation）
RQ　　　　　リサーチ・クエスチョン（research question）
RVSM　　　　他の航空機との垂直方向の間隔を縮小する方式による飛行（reduced vertical separation minima）
SEM　　　　　共分散構造分析（structural equation modeling）

第1章 イントロダクション

1.1. 研究の背景

　企業活動において，企業外部の情報や知識に無関心でいられるということはありえない。新技術や市場に関する動向を知らずして，利益率の高い商品を投入したり，市場シェアを高めたりすることは困難である。

　現代の企業経営において，知識は，競争優位の源泉とみなされている（Drucker, 1993；Grant, 1996；Tsai, 2001）。そもそも知識を投入することなく何かを生産することは不可能であるし（Grant, 1996），今日の企業にとって最重要な資源，すなわち生産要素は知識であるともいわれる（Drucker, 1993）。しかし，苦労して得た知識も，現代においては急速に陳腐化してしまう（Ghoshal & Bartlett, 1997；Leonard & Swap, 2005）。ゆえに競争において，有用な知識の継続的な獲得や業務への適用は不可欠である（Kogut & Zander, 1992）。

　組織による知識の獲得には，試行錯誤，推論，代理学習すなわち他者の観察と模倣，成果からの帰納があるが（Miner & Mezias, 1996），これらの中でも他者の模倣等を通じた外部知識の移転は最も重要な知識獲得の手法であるといわれている（井上, 2012）。

　このため経営学においては，1990年代より知識移転の研究が行われ，企業内，企業グループ内，あるいは企業間における知識移転に関して，知識移転を促進または阻害する要因を抽出し，それらが知識移転に与える影響について検討がなされてきた。しかし，知識移転経路，あるいは移転経路として活用される組織間・個人間の紐帯は，移転の成否に重大な影響を及ぼす要素でありながら，その形成プロセスに関してはまだ十分に明らかになっている

とはいえない。

　また，組織は個人を通じて学習する（March, 1991；March & Olsen, 1976；Shrivastava, 1983；Simon, 1991）。知識移転を支えるような組織間の連携も，個人間のつながりがその基本である（金井, 1994）。ゆえに，組織学習を支える個人の学習について分析し，組織学習において個人の学習が果たす役割について検討することは有用であろう。このため本研究においては，組織レベルでの知識移転に加え，個人の学習を分析し，組織学習の一形態たる知識移転との関係について検討を行う。

　なお，学習機会となる経験の多くは他者との関わりの中で得られるものであり，そのような関わりが生じる場として，実践コミュニティ（Lave & Wenger, 1991）の概念が提唱されている。そのため本研究では，個人の学習のうち，特に実践コミュニティに焦点を当てて実証研究を行い，その発見事実を，知識移転の実証研究における考察の際に参照する。Fox（2000）も実践コミュニティ論が組織学習の研究において有用だと述べているように，実践コミュニティの分析を行うことにより，知識移転に関して，組織レベルに加え個人レベルからの，より多層的な考察が行えると考えたためである。

　また本研究は，実践コミュニティの中でも，組織の境界を越えた越境型実践コミュニティに注目する。なぜなら知識移転は，組織の学習のうち他組織等の学習結果に基づく知識の移転に着目するものであり，これに対応する個人の学習としては，やはり組織外部との関わりを得られる場が重要であると考えられるためである。さらに，ビジネス環境の変化が著しい現代において，外部からの知識獲得の場としての越境型実践コミュニティの活用は，以前に増して重要なものとなっているのである。

1.2. 本研究の基本的な問い

　前項のような背景の中で，本研究は，知識移転（組織による学習），実践コミュニティ（個人による学習），及びそれら両者の関係について明らかにすることを目指している。基本的な問いとその関係は図 1.1 のとおりであ

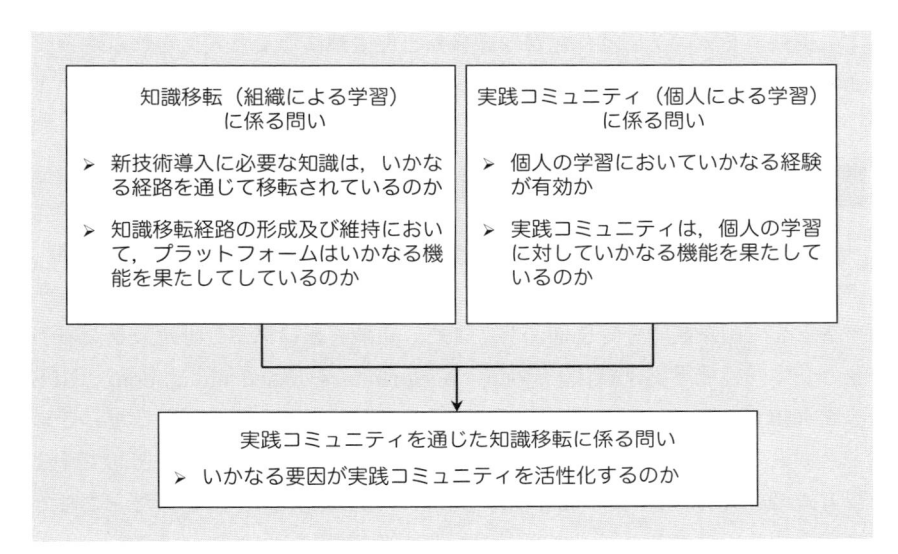

図 1.1 ● 本研究の問い

る[1]。

　まず，組織間の知識移転に関しては，新技術導入に必要な知識の移転経路
の種類と，その形成・維持条件について検討する。特に，移転経路の形成・
維持において会議体等のプラットフォーム（人と人の関係性を生じさせる仕
組み）が果たす機能に着目する。

　また，組織学習の重要要素として個人による学習について検討する。ここ
で，実践コミュニティ（個人による学習）に関しては，個人の学習において
有効な経験の種別，及び，学習において実践コミュニティが果たす役割につ
いて検討する。

　そして最後に，組織学習と個人による学習の関係を探るため，実践コミュ
ニティを通じた知識移転に関して検討する。その際，組織の境界を越える越
境型実践コミュニティを活性化する要因について明らかにすることを目指

1　より具体的なリサーチクエスチョンについては，先行研究レビューの結果を踏まえつつ第 2 章
　2.3 節にて詳述する。

す。実践コミュニティ活性化が知識移転を促す鍵になると考えられるからである。

1.3. リサーチサイト及び分析対象選定の理由

　研究目的に即したリサーチサイトや分析対象の選定は，価値ある理論的・実践的貢献を生み出すための生命線である。そこで本研究では，リサーチサイトとして国際航空分野を選んだ。また，知識移転に係る分析対象となる事象として「性能準拠型航法」（PBN：performance-based navigation）（GPS等を利用した新しい航空機ナビゲーション技術）[2]の普及を選定した。そして，個人の学習及び実践コミュニティに係る分析対象となる職種として「飛行方式設計者」（航空機の飛行経路を設計する技術者）[3]を選定した。ここでまず，これらのリサーチサイト及び分析対象を選定した理由を説明したい。なお，一見特殊に見えるリサーチサイトではあるが，この研究を通じて得られた知見がその他の領域に全く当てはまらないわけではない。一定の配慮のもと，様々な領域に十分適用可能なものだと考えられる[4]。

コラム　PBN

　PBN（performance-based navigation：性能準拠型航法）は，航空機の航法に係る新技術の一種及びこれを支える一連の制度である。PBN導入以前の飛行経路は，地上に配置された無線施設（航法援助施設）を結ぶ形で設定されていたが（図左上），PBN環境下においては，より自由な経路設定が可能となり，飛行経路の短縮が可能となる（同左下）。また，PBN導入による航法精度の向上を通じて，経

2　PBNについては，コラム「PBN」（p.4）参照。なお，航法（navigation）とは，パイロットが，航空機の現在位置を測定し，飛行すべき方向・針路等を決定することをいう。
3　「飛行方式」及び「飛行方式設計者」については，コラム「飛行方式」（p.5）参照。
4　分析結果の他領域への適用については最終章にて詳しく論じる。

路複線化等による処理能力の向上が可能となる。かつては航法精度が低い，すなわち所望の経路に対する偏位が大きいために経路間のバッファーを大きくとらなければならなかったものが（同右上），精度の向上によって必要なバッファーが小さくなり，従来よりも多くの並行経路が設定可能となるのである（同右下）。このような飛行距離短縮や処理能力向上の便益が，各組織にとっての PBN 導入の最終目的となっている。

　一国が PBN を導入する際には，PBN 用の飛行経路の設計・検証・公示，航空管制手順の変更，PBN 対応航空機の導入，航空会社に対する許可手続き及び許可に関わる審査基準制定等が必要である。これらに関連する知識は，関連組織が PBN を導入する上で不可欠なものである。

　このように PBN は，航空機航法システムの開発導入という技術的イノベーション（technical innovation）（Evan, 1966）の側面と，これを安全に適用するための法令等の制度整備という管理的イノベーション（administrative innovation）（Evan, 1966）の 2 つの側面を持っている。

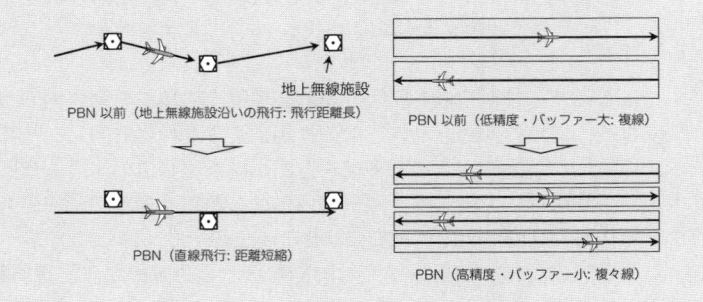

PBN 以前（地上無線施設沿いの飛行: 飛行距離長）

PBN 以前（低精度・バッファー大: 複線）

PBN（直線飛行: 距離短縮）

PBN（高精度・バッファー小: 複々線）

コラム　飛行方式

▶飛行方式

　定期旅客輸送等を行う場合，航空機は，少々の低視程下においても安全に飛行可能でなければならない。このため，航空会社等の航空機は通常，航法計器等を使用する計器飛行を行う。計器飛行において航

空機は，原則として，あらかじめ定められた飛行経路上を，定められた高度等を維持して飛行しなければならない。やみくもに飛行していたのでは，山や人工建造物等に衝突してしまう。逆に，定められた飛行経路上を正しく飛行していれば，外部が視認できなくとも，これらの障害物との間隔を確保しつつ安全に飛行することが可能である。

　次図は，神戸空港における飛行経路のうち，神戸空港を離陸して東京方面に向かう場合のものを示したものである

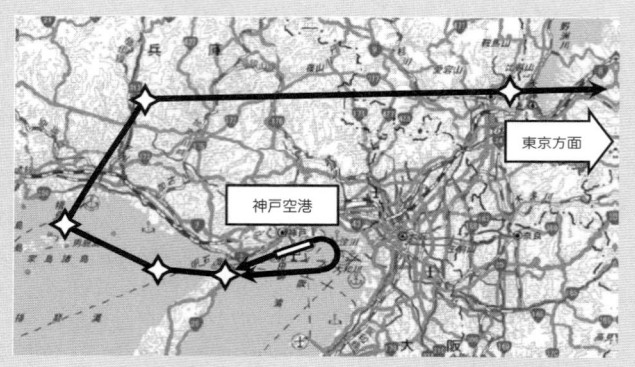

（出典：国土地理院ウェブサイトのデータに基づき筆者作成）

　ここで，神戸空港を離陸した航空機は，直接東方面に向かうのではなく，いったん西へと向かい，姫路近辺で北へと旋回し，その後，加西近辺から大津上空を経て東京方面へ向かう。このような迂回飛行を行う理由は，大阪国際空港（伊丹）への離着陸機との輻輳の回避，六甲山系の迂回，大阪近辺での騒音の防止等である。

　このように，空港近傍においてあらかじめ定められた飛行経路は，飛行方式（flight procedure）とよばれる。飛行方式とは，より具体的に表現すると「計器飛行による飛行の方式」，すなわち，「外界の目視に頼ることなく計器によって飛行するための操作手順」である。

　飛行方式は，最終的には国の責任において設定される（ICAO，2016a）。また，飛行方式は，方式図（procedure chart）とよばれる図面によって表現された上で，各国が発行する航空路誌（AIP：aeronautical information publication）とよばれる刊行物上で公示され（ICAO，2010a），世界の運航者に発信される。この航空路誌上

での公示の仕組みにより，世界中の全運航者が同じ飛行方式を共有し，これに従って飛行することが可能となっている。

▶飛行方式設計者

　飛行方式設計者とは，飛行方式を設計する専門家をいう。その主な作業項目は，必要データの収集・検証，関係者調整，設計，文書化，設計した飛行方式の検証，公示資料作成，及び，飛行方式維持管理である。

　飛行方式設計者の職務の特徴としては，第1に，その職務のゴールの明確な定義が困難だという点が挙げられる。飛行方式の設計に際しては，安全性，経済性，空港処理能力向上，騒音軽減等，複数の条件を満足することが要求されるが，これらの条件の充足度に関する尺度は明確には定義されておらず，また，条件間の優先順位も個々のケースによって異なる。これらの要素が絡み合って，飛行方式設計者の職務を複雑なものとしている。

　第2の特徴は，業務上の調整相手の多さである。飛行方式設計者の調整相手は，エンドユーザーである航空会社等の運航者に加え，航空管制業務提供機関，地方自治体等，多岐にわたる。また，各ステークホルダーの利害は多様であり，相互に相反するものも含まれる。この点は，飛行方式設計において明確なゴールを定義することができない原因となっている。

1.3.1.　なぜ国際航空分野なのか

　本研究においては，研究目的に最もフィットしたリサーチサイトとして，国際航空分野を選択した。その理由は，多様かつ多数の組織が知識移転に関わっている点にある。

　航空分野は，その安全との関係上，ルールの共通化が不可欠である。このため国際民間航空機関（ICAO：International Civil Aviation Organization）[5]

5　ICAO（国際民間航空機関）は，国連専門機関（specialized agencies）の1つである。国連専門機関とは，政府間の協定によって設けられる各種の専門機関であって，経済・社会・文化・教育・保健及び関係分野において広い国際的責任を有するもののうち，国連憲章第57条及び第63条に従い国連経済社会理事会との間で協定を締結し，国連と連携関係にある専門機関をいう。

において国際基準が定められ，これが多くの国に普及してゆく。しかも，この知識移転プロセスには国際機関，政府機関，航空会社，航空機メーカー，サービスプロバイダー等，様々な組織が関与しており，不特定多数かつ多様な関係組織間での知識移転事象を観察することができる。このため，国際航空分野をリサーチサイトとすることにより，世界規模での包括的・多面的かつダイナミックな知識移転プロセスの分析が可能となるのである。この点において本研究は，グループ企業間，戦略的アライアンス内パートナー企業間といったいわば「閉じた」関係を分析対象とする先行研究群と異なっている。

1.3.2. なぜ性能準拠型航法（PBN）なのか

　知識移転の分析対象となる事象としては，性能準拠型航法（PBN）とよばれる新技術の世界的な普及プロセスを取り上げた。PBN は，航空機の飛行のための航法技術の一種である。その導入により，飛行距離短縮や就航率改善といった便益が得られる。このため現在，世界各国においてその導入への取り組みが進められている。

　PBN の普及には，航空会社，航空機メーカー，公団，政府機関，国際機関等，世界中の多数かつ多様な組織が関与している。この点は前項の説明と重複するのであるが，PBN の普及は，国際航空分野においても特に，多様な組織が関与するという点において顕著な事象であるといえる。さらに，その範囲も先進国から途上国までと幅広い。このため，グローバルかつダイナミックな知識移転の営みを観察することが可能なのである。

1.3.3. なぜ飛行方式設計者なのか

　そして，個人の学習及び実践コミュニティに関する検討にあたっては，飛行方式設計者とよばれる専門家を分析対象とした。飛行方式設計者とは，飛行方式すなわち空港近傍における航空機の離着陸経路を設計する専門家，すなわち「空の道作り」のスペシャリストである。

　飛行方式設計者を分析対象として選定した理由は，職場外における越境学

習の必要性の高さにある。すなわち，飛行方式設計者個人やその所属組織は，その学習において外部からの知識獲得への依存度が高い。

この越境依存度の高さは，上記のルール共通化の必要性にも関係しているが，これに加え，各職場が小規模であって他組織の事例等から学ぶ必要性が高いこと，及び，他職種に関する知識を獲得する必要性が高いことにも起因している。すぐれた飛行方式設計者たるためには，飛行方式設計そのもののノウハウだけでなく，パイロットや管制官が持つような知識も必要なのである。このため飛行方式設計者は，越境学習，特に越境型コミュニティを通じた学習の分析対象として最適なのである。

1.4.　本書の構成

先に述べたとおり，本研究は，組織による知識移転の分析を主たる目的とし，その上で，知識移転に関する分析を実践コミュニティを中心に個人の学習の観点から補強することとしている。

上記の目的のもと，本書は以下の構成を取っている。第 2 章においては，これら関連分野における先行研究のレビューを行う。その主たる内容は，知識移転論及び実践コミュニティ論である。なお，知識移転に関連し，社会ネットワーク，プラットフォーム，「場」といった，知識移転を支える基盤についてもレビュー範囲に含めている[6]。そしてこれらの先行研究レビューに基づき，同章のまとめとして本研究のリサーチクエスチョン（RQ）を示す。

第 3 章以降が本研究の実証編に相当し，各章において事例に即した分析がなされる。まず第 3 章において，本研究に適用した方法について概説する。

第 4 章は，飛行方式設計分野における専門家個人の学習について，実践コ

---

[6] ところで，実践コミュニティ，社会ネットワーク，プラットフォーム，及び「場」は一見よく似ているものの，本質的には異なる概念である。それらの根幹を要約すると，実践コミュニティは「人々の集団」，社会ネットワークは「行為者間の紐帯の集合」，プラットフォームは「場やしくみ」，「場」は「人と人の関係性」である。各概念の定義については次章において詳しく述べたい。

ミュニティに焦点を当てて行った定性研究に関するものである。続く第5章
は，各組織による PBN 導入のための知識移転に係る定性研究に関するもの
である。組織による知識移転における会議体の重要性等，本書の重要なイン
プリケーションは本章の定性研究を通じて発見されたものであり，その点に
おいて第5章は本書のクライマックスであるといえる。

　第6章は，実践コミュニティを通じた知識移転に係る研究に関するもので
あり，第4章及び第5章の各定性研究の発見事実を統合し，定量的に実証す
ることを目指す。その主たる関心は個人の学習と組織学習の関係であり，具
体的には，副次的コミュニティが知識移転に与える影響，及び，知識移転の
メディエーター（媒介変数）としての副次的コミュニティを活性化する要因
を分析する。すなわち，いかなる要因が実践コミュニティ成員間の友好的な
関係構築を後押しし，知識移転を促すかを検討する。このため，質問紙調査
によって収集したデータに基づき共分散構造分析[7]を通じて検討を行う。

　これらの分析に基づき，本研究全体の結論として，第7章にて発見事実を
まとめ，その理論的貢献と実践への示唆を述べるとともに本研究の限界と今
後の課題について触れる。

　各章間の関係を，図1.2に示す。

7　共分散構造分析は，複数の構成概念（変数）間の関係（相関関係・因果関係等）を統計的に分
　析する手法の一種である。手法等については様々なテキストが発行されているので参照された
　い。

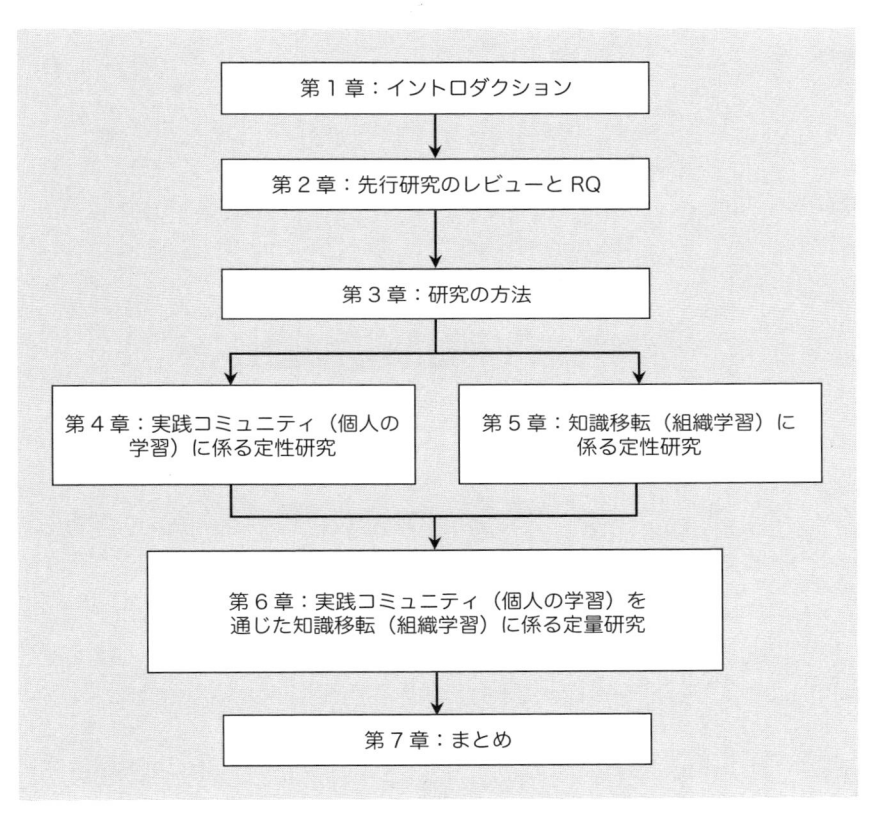

図 1.2 ● 本書の構成

第2章 先行研究のレビューと リサーチクエスチョン

　本章においては，先行研究のレビューを通じて課題の抽出を行う。最初に，主たる関心である知識移転論について論じるとともに，ネットワーク，プラットフォーム，「場」といった，知識移転を支える基盤に関する研究についても触れる。また，組織による知識移転と個人の学習の関係に関する分析の準備として，実践コミュニティ論に関してもレビューを行う。その上で，本章のまとめとして本研究のリサーチクエスチョンを提示する。

2.1.　知識移転[1]

2.1.1.　はじめに

　すでに述べたとおり，現代の企業経営において知識は重要な資源とみなされていることから，知識移転に関して多くの研究が行われてきた。

　しかしながら，知識移転論においては実証研究の蓄積が不十分との指摘がある（Mitton, Adair, McKenzie, Patten & Perry, 2007）。また，定量研究に関しても，従来の研究は単一の要因ペア間の相関に個別に注目しており，移転促進・阻害要因群全体の把握が不十分であると指摘されている（Simonin, 2004）。例外的に，知識移転に影響を及ぼす要因群全体を記述するモデルに関する研究（Simonin, 2004）や，定量研究のデータを統合して包括的な定量分析を行った研究（van Wijk, Jansen & Lyles, 2008）もあるが，これらの研究も，知識移転プロセス（Szulanski, 1996, 2000）全体を網羅したものとはなっていない。

1　本節における知識移転に係る先行研究レビューは中西（2013c）に基づく。

　本節では知識移転論の先行研究のレビューを通じて課題の抽出を行うが，最初に，先行研究を参照しつつ本研究における知識移転の定義を示し，その上で，知識移転のプロセスに関して概観する[2]。次に，当該知識移転プロセスの構成要素を順に確認すべきところであるが，これに先立ち，知識移転論を組織学習論と比較する。両者の比較を通じて，知識移転の重要構成要素であるルーチン（routine）に焦点を当てるためである。

　また，次項にて述べるとおり，知識移転プロセスには，送り手組織と受け手組織だけが関わっているのではない。知識移転の円滑化を促す外部環境や文脈も重要な要素である。このため，ネットワーク，「場」，プラットフォームといった，知識移転を支える様々な基盤・しくみに関する先行研究についてもレビューし，加えて，知識移転論の研究対象組織の種別についても確認する。

　そして最後に，レビューのまとめを通じて課題の抽出を行う。

2.1.2.　知識移転の定義

　まずここで，知識移転論の分析対象を明らかにするため，知識移転の定義を検討したい。Argote, Ingram, Levine & Moreland（2000）は，組織における知識移転を，「ある単位（個人，グループ，課，部門）の学習が他単位の経験に影響を及ぼすプロセス」（p.3）と定義している。この定義は，知識移転において，送り手から受け手への知識の移動と，その知識によって受け手が影響されることの，2つの作用が含まれていることを示している。同様に van Wijk et al.（2008）も，知識移転を，「組織活動主体（チーム，ユニットまたは組織）が他者の経験及び知識を交換，受容し，また，これらに影響されるプロセス」（p.832）と定義しており，単に知識の移動だけではなく，移転された知識によって受け手組織が影響されることを知識移転プロセスに含めている。知識移転論においては，このように，知識移転プロセス中に，

2　なお本研究においては，知識移転研究のうち定量研究に焦点を当ててレビューを行っている。先行定量研究が分析対象とした構成概念や仮説の抽出を通じて，定性研究を含む今後の研究のあり方について示唆が得られると考えたためである。

移転された知識によって受け手が影響を受けることを含める考え方が一般的である。

受け手における影響としては第1に、獲得した知識の使用がある。例えばDarr & Kurtzberg（2000）は、新しい知識が実際に使用された時点をもって知識移転が生じたとみなしている。さらにSzulanski（2000）は、知識移転を「組織が、複雑かつ時には不確実な一連のルーチン[3]を、新しい環境の中で再生産するプロセス」（p.10）と定義しているが、ここでは、移転された知識がそのまま使用されるのではなく、受け手の文脈に応じて再生産すなわち修正されるという点が強調されている。

ここで、知識移転に対する理解を深めるため、知識移転をその構成要素に細分化しよう。Pérez-Nordtvedt, Kedia, Datta & Rasheed（2008）は、コミュニケーション理論に基づき、知識移転が、送り手、受け手、知識、経路の4つの要素により構成されると述べている。この説明は上記定義群（Argote et al., 2000；Szulanski, 2000；van Wijk et al., 2008）と異なり、移転された知識の使用を含んでいないが、これらの要素だけでは、知識移転ではなく情報伝達がなされているに過ぎないといえる。なぜなら、ある情報が知識とよばれるためには、それが受け手の信念やコミットメントに密接に関連し、受け手の立場、見方、意図、目的を反映するものでなければならないが（Nonaka & Takeuchi, 1995）、Pérez-Nordtvedt et al.（2008）のモデルにはこれらの性質が意図されていないためである。そのような意味において、単なる情報伝達ではない知識移転は、Argote et al.（2000）やSzulanski（2000）が定義するように、知識の使用やルーチン化を含めた包括的なプロセスとみなすのが妥当であろう。これらの議論を総括し、本研究においては、知識移転を「送り手から受け手へある経路を経由して知識が移転され、受け手の成果に影響を及ぼすとともに、移転された知識が受け手のルーチンに統合されるプロセス」と定義する。

3　ルーチンとは、「組織を取り巻き、かつ、組織が使用するフォーム・ルール・手続き・習慣・戦略・技術」をいう（Levitt & March, 1988, p.320）。

2.1.3. 知識移転のプロセス

　上記定義には知識移転の構成要素が含まれているが，次に，これらの要素によって構成される知識移転のプロセスについてより詳しく検討したい。知識移転の定義が意味するものを改めて確認し，知識移転論の分析対象を明確化するためである。またこれは，知識移転論と組織学習論の相違を認識するための準備でもある。

　知識移転の構成要素を知識移転プロセスの中に配置したものが図 2.1 である。

　図の上段は，Szulanski（1996, 2000）による知識移転の 4 段階の区分に準じている。4 段階とは，創始（initiation），実施（implementation），向上（ramp-up）及び統合（integration）の各段階である。この知識移転の 4 段階プロセスは，イノベーション普及，社会変革，技術移転及び技術導入に関する論文のレビューに基づき構築されたと説明されている。これらの段階のうち創始とは，移転に係る意思決定に至るまでの段階である。創始段階には，移転ニーズの認識，そのニーズを満たす知識の探索，移転結果の予測検討，移転の意思決定が含まれる。次の実施段階は，送り手から受け手に知識が移転される段階である。そして向上段階においては，移転された知識が使用される。この段階において受け手は，当初予想しなかった問題を解決し，

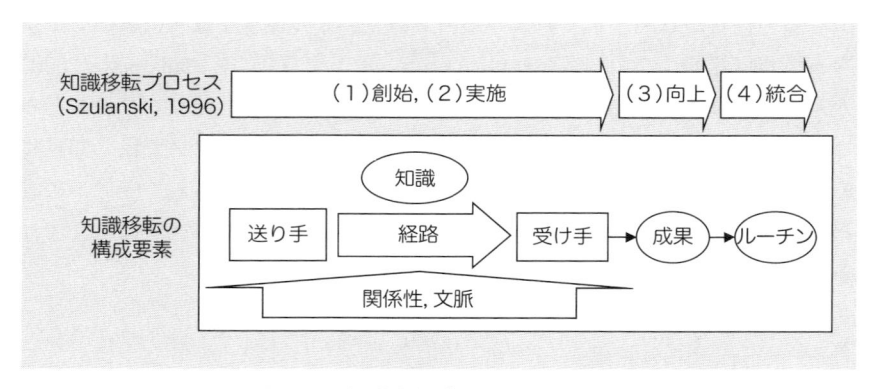

図 2.1 ● 知識移転プロセスと構成要素

徐々に使用効果を向上させる。最後の統合段階は，移転された知識の使用が成果を上げた後の段階であり，ここにおいて知識はルーチン化され，制度に組み込まれる。

このように Szulanski（1996）は，移転された知識の使用を通じて成果を上げた後にルーチンが形成されると位置付け，向上段階の後に統合段階に至るものと整理している。しかしながら，受け手が移転された知識を公式に使用するためには，それ以前の段階において知識のルーチン化が必要であるともいえる。すなわち，Szulanski（1996）の想定とは異なり，向上段階における知識の使用を経て初めて統合段階に至るのではないとも考えられるのである。この問題に関しては，第 5 章にてデータ分析結果に基づき考察することとする。

図の下段は，知識移転を構成する要素と，要素相互間の関係を示している。すなわち，知識は，送り手から受け手へある経路を経由して移転され，受け手の成果に対して影響を及ぼすとともに受け手のルーチンに統合される。そして，そのプロセスには，送り手と受け手の関係性や文脈が影響する。

なお，図 2.1 のとおり，Szulanski（1996, 2000）の知識移転プロセスモデルはルーチン形成をプロセスのゴールと位置付けているが，この点は，次項で述べるとおり，組織学習の考え方と大きく異なっているので注意が必要である。

2.1.4.　組織学習と知識移転の関係

前項において，知識移転における知識のルーチン化について触れた。ルーチンの理解は知識移転プロセスの分析において重要と思われるが，ルーチンの形成と棄却については組織学習論において深く検討されてきた（例えば Hedberg, 1981）。このため本項においては，ルーチンに関する理解を深めるため，分析対象としての知識移転と組織学習を比較・整理する。

Huber（1991）によれば，組織学習は，知識獲得，情報拡散，情報解釈，組織記憶の各要素及びプロセスにより構成される。このうち知識獲得の方法

には，創始者の知識の継承等の先天的学習（congenital learning），自らの経験に基づく経験学習（experiential learning），他者において成功したルーチンの観察と模倣及び他者の成果からの帰納による代理学習（vicarious learning），M&A に代表される移植学習（grafting）及び探索的学習（searching and noticing）があるという。また，Miner & Mezias（1996）は，組織学習を，試行錯誤を通じた学習（trial-and-error learning），推論による学習（inferential learning），代理学習（vicarious learning）及び創発的学習（generative learning）に分類している。これらのうち推論による学習には，観察，実験，解釈，情報獲得がある。また，創発的学習とは，活発かつ創造的な活動を通じた発見による知識の獲得をいう。

　同様に松尾（2009）は，組織学習を「個人や集団が獲得した知識が，集団や組織において共有され，ルーチンとして制度化されたり，棄却されたりすることで，組織メンバーの知識・信念・行動に変化が生じること」（p.231）と定義した上で，組織学習は，知識獲得，知識共有，知識のルーチン化及びその棄却化の段階により構成されると述べている。これらの段階中，知識獲得，知識共有及びルーチン化が知識移転に相当する。また，上記の学習種別中，代理学習（Miner & Mezias, 1996）及び移植学習（Huber, 1991）が知識移転の具体的な内容にあたる。すなわち，知識移転は組織学習の一形態である（Huber, 1991；松尾, 2009；Miner & Mezias, 1996）。

　一方，知識移転は，組織学習一般と以下のような点で相違している。

　第1の相違点は分析上の視点に関するものである。一般に組織学習という場合，比較的長期的かつ包括的現象が意図される（安藤, 2001）。これに対し知識移転は，短期的かつミクロレベルでの現象を意図する場合が多い。また，組織学習は信念の変化のような深いレベルでの組織の変化を含むことが多いが，知識移転研究において組織の信念や目的は所与の条件とみなされている。

　第2に，知識移転は，上記でも述べたとおり組織学習における知識獲得プロセスのうち，外的学習，特に，代理学習によって得られた知識の移転を指す。言い換えると，知識移転において，知識獲得のうち内的学習すなわち試

行錯誤を通じた学習,創発的学習,先天的学習は含まれない。

第 3 に知識移転は,創始,実施,向上,統合の各段階の順に進行する一方向的な現象としてとらえられており(例えば Szulanski, 1996),統合段階後に再度創始段階に戻ることは想定されていない。一方,組織学習は,ループ状のプロセスとみなされている(例えば Argyris & Schön, 1978)。組織学習においては,ルーチンの棄却すなわちアンラーニング(Hedberg, 1981)が新たな学習の生起において重要であり,適切なルーチン棄却があってこそ次の学習が効率的に進み,継続的な学習のループが形成されると考えられているのである。

2.1.5. 知識移転の構成要素

次に,一旦組織学習論との比較を離れ,知識移転をその構成要素に分解することを通じて,知識移転論の分析対象をより詳細に検討し,先行研究の課題を探りたい。

知識移転に係る先行研究は,知識移転の促進・阻害要因を分析し,これらが知識移転に及ぼす影響を検討してきた。本研究においては,これらの構成要素の全体像と要素間の関係を把握するため,定量研究に焦点を当ててレビューを行った。そしてこれらの論文におけるモデルに組み込まれていた構成概念と構成概念間の関係は,先に図 2.1 において示したとおりである。

このような定量研究において適用されていた構成概念として,送り手,受け手,知識,経路,成果,送り手と受け手の間の関係性,文脈,及び,プロセス全体に係る変数である知識移転活発度等があった。またそれらの構成概念は操作化され,表 2.1 のような変数として測定されてきた。

表 2.1 は,各構成概念に対応する変数を列記するとともに,これらの変数が Szulanski(1996)の知識移転プロセス中の 4 段階(創始,実施,向上,統合)のいずれに関連するものかを示している。変数によっては,観測可能な他の変数によって代用された上でモデルに組み込まれている。

各要素に関する先行研究の発見事実と主張の概要は以下のとおりである。

表 2.1 ● 知識移転を構成する構成概念と変数

構成概念	変数*	段階** 創始	実施	向上	統合
送り手	モチベーション，知識，信頼，魅力度，保護主義度，移転能力，機会探索，ネットワーク内における中心性	○	○		
受け手	モチベーション，吸収能力*1，記憶力，マネジメントのコミットメント，会社規模，組織集権度，会社自律度，経済的スラック，ゲートキーパー，障害*2，経済水準，協働ノウハウ，ネットワーク内における中心性	○	○	○	
知識特性	価値，希少性，模倣不可能性，代用不可能性，因果曖昧性，説明不可能性，コード化可能性，暗黙度，知識相互依存性，競合製品観測可能性，技術特性*3	○	○		
経路	コミュニケーション頻度と近接度*4，本国派遣マネジャー率，ネットワーク属性*5，地理的距離	○			
成果	業績，アライアンス成功度，知識移転成功度，プロジェクト完了期間，コスト変化，生産性が移転元追従に要した時間，イノベーション数			○	
関係性	緊密さ，信頼，将来の競合可能性，知識共通度*6，類似度*7，フランチャイズ内と外の別，人事交流の有無，並行生産か完全移行かの別，関係継続期間，送り手・受け手双方を含むグループ全体としての組織文化	○	○	○	
文脈	環境安定度，組織内文脈	○	○		
知識移転活発度	情報の粘着性が知識移転の各段階（創始，実施，向上，統合）に与えた影響，知識粘着性が成果（時間，予算，満足度）に与えた影響，知識移転の容易さ，知識フロー活性度，移転の速さ，移転による経済的効果，移転実施実感，移転知識量	○	○	○	○

注： * 数字を付した変数は，先行研究において以下のような変数により代用されていた。詳細については中西（2014a）付録3参照のこと。
*1 吸収能力：移転経験，事前訓練，参入形態，成員転出，幹部に占める現地人比率
*2 障害：認知的障害，政治的障害，制度的障害
*3 技術特性：調達可能性，複雑度，技術文書完成度
*4 コミュニケーション頻度と近接度：電話・会合頻度，知人・メンター数，技術交流実施実感，テクノロジー移転実施実感
*5 ネットワーク属性：密度，多様性
*6 知識共通度：人種，性別，学歴，勤続年数，分野，共通コミュニティ参加
*7 類似度：戦略類似度，顧客類似度，商圏一致度，組織制度・組織文化類似度
** 表中の○印は，変数が当該段階に関連するものであることを示す。

(1) 送り手

　知識移転に影響を及ぼす要因のうち知識の送り手に関連するものとして，第1に送り手のモチベーション（Szulanski, 1996）が挙げられる。具体的にGupta & Govindarajan（2000）は，モチベーションの源泉として経済的インセンティブを挙げている。また，送り手に対する信頼（Szulanski, 1996）も，知識移転に影響する要因である。さらに，送り手そのものの絶対的な性質のみならず，受け手から見た主観的評価である送り手の魅力度も，知識移転に影響する（Pérez-Nordtvedt et al., 2008）。

(2) 受け手

　もう一方の当事者である知識の受け手に関連しては，受け手のモチベーション不足（Galbraith, 1990；Gupta & Govindarajan, 2000；Simonin, 1999, 2004；Szulanski, 1996），吸収能力不足（Cohen & Levinthal, 1990）や記憶力不足（Szulanski, 1996）が知識移転阻害要因になるといわれる。逆に，マネジメントのコミットメントは知識移転を促す（Galbraith, 1990；Simonin, 2004）。その他，受け手組織の組織構造（Ghoshal, Korine & Szulanski, 1994）や自律度（Ghoshal & Bartlett, 1988）が知識移転に影響を及ぼすとされる。

(3) 知識特性

　移転される知識の性質が移転の容易さ・困難さに影響するという事実が先行研究によって示されている。例えば，言語化困難な知識すなわち暗黙知（Polanyi, 1983）は移転が困難である。より具体的には，知識の暗黙度が高い，複雑度が高い，あるいは逆にコード化可能性や教授可能性が低いと，移転に要する時間が長くなる（Zander & Kogut, 1995）。また，暗黙知の移転にはコストがかかるため，暗黙知の移転には外部調達よりも内部化（子会社化等）が選択されるといった現象も報告されている（Kogut & Zander, 1993）。その他，知識の相互依存性（Hansen, 1999；Zander & Kogut, 1995）や観測不可能性（Zander & Kogut, 1995）等が知識移転を困難にすることが

示されている。

(4) 経路

　送り手から受け手への知識移転経路となる紐帯（tie：つながり）の性質は，知識移転の成否に影響する。Hansen（1999）は，知識の探索には弱い紐帯が有効である一方，複雑な知識の移転には強い紐帯が有効であると述べている。Reagans & McEvily（2003）は，密度等のネットワーク構造が知識移転に与える影響を検討している。また，非公式ネットワークが知識移転に与える影響を検討した実証研究もある。Ghoshal, Korine & Szulanski（1994）は，多国籍企業に関して，マネジャー間の非公式ネットワーキングが，本部－子会社間，及び，子会社相互間のコミュニケーションを促進することを示している。一方，Inkpen & Tsang（2005）は，組織メンバー間で培われる信頼・認知・構造といった社会関係資本（social capital）に着目し，これがいかに知識移転に影響するかを検討している。

(5) 成果

　企業が知識移転を行う場合，最終的には何らかの成果を上げることがその目的である（例えば Darr & Kurtzberg, 2000）。このため，知識移転の成果が，各種要因と知識移転の関係を分析するモデルの従属変数として採用されている。なお，成果を測定する変数は客観的指標と主観的評価に大別可能である。客観的指標としては，プロジェクト完了期間（Hansen, 1999）やコスト変化（Darr, Argote & Epple, 1995；Darr & Kurtzberg, 2000：Galbraith, 1990），生成したイノベーション数（Ghoshal & Bartlett, 1988）等が測定されている。一方，知識移転の成果に関する調査協力者の主観的評価も変数として測定されているが，その評価対象としては，業績（Fang, Jiang, Makino & Beamish, 2010），アライアンス成功度（Lane & Lubatkin, 1998），知識移転成功度（Foss & Pedersen, 2002；Galbraith, 1990；Tushman, 1977）等が適用されている。

(6) 関係性

　送り手と受け手の関係性に関しては，緊密度や信頼（Pérez-Nordtvedt et al., 2008），関係継続期間（Kotabe, Martin & Domoto, 2003）といった両者の関係そのものに関する認知を操作化した変数と，知識（Lane & Lubatkin, 1998；Reagans & McEvily, 2003）や戦略・顧客・地域・制度（Darr & Kurtzberg, 2000）等に関する両者の類似度を操作化した変数がある。これらの先行研究は，緊密度，信頼，類似度が高まるほど，また関係継続期間が長くなるほど，知識移転が促されることを明らかにしている。これらに加え，Reinholt, Pedersen & Foss（2011）は，送り手及び受け手が知識共有ネットワーク内において占める位置付けと知識移転の関係を分析し，ネットワークの中心に位置する者ほど，より活発に知識を提供かつ同時に獲得していることを発見している。

(7) 文脈

　知識移転の文脈を示す変数の例としては，環境安定度が挙げられる。知識移転を促す上で，組織を取り巻く環境が安定的な場合には組織間の橋渡し役であるゲートキーパーが少ない方が望ましいが（Tushman, 1977），環境が不安定な場合にはゲートキーパーが多い方がよいとされる（Cohen & Levinthal, 1990）。一方，Szulanski（1996）やSimonin（2004）は，知識移転に影響を及ぼす組織内文脈を変数として適用している。これらのうち Simonin（2004）は企業グループの組織文化を変数化してモデルに組み込んでいるが，これは，「現行の企業行動ロジックの見直し，構築されたルーチンや信念への問い，既存知識への挑戦が奨励されている」か否か，すなわち，ダブルループ学習（Argyris & Schön, 1978）が奨励される文化かシングルループ学習のみが行われる文化かの相違を意味している。そして分析の結果，シングルループ学習のみが奨励される組織文化は知識移転に負の影響を及ぼすことが明らかにされている（Simonin, 2004）。

(8) 知識移転活発度

　上記のような知識移転プロセスの個別の構成概念を操作化した変数の他に，知識移転活発度（Gupta & Govindarajan, 2000），移転速度や経済性（Pérez-Nordtvedt et al., 2008）といった，知識移転プロセス全体の特性を操作化した変数も適用され，諸要因が知識移転に及ぼす影響を分析するモデルにおいて，従属変数として組み込まれている。またSzulanski（1996）は，より直接的に，知識移転の構成要素が知識移転の各段階（創始，実施，向上，統合）に及ぼした影響の程度を，リッカート尺度を適用した質問紙調査を通じて調査協力者に質問している。

2.1.6.　知識移転のネットワーク

　前項中，「経路」の箇所において触れたとおり，知識移転の経路となる人と人の「紐帯」の強さは知識移転の円滑さに影響する重要な要因である。ここで複数の組織や個人の間に移転経路が形成されると，その移転経路の集合はネットワークとよぶべきものとなる[4]。このため知識の移転や共有を，成員が構成するネットワークの観点から分析する研究も存在する。

　また，このような知識移転経路の形成や維持には，組織間あるいは個人間の関係性や，これらを含む全体的な文脈が影響する。そして，知識移転のネットワークの形成や維持を促す基盤として，「場」やプラットフォームが検討されている。このため本項においては，知識移転を支えるネットワークに関して先行研究をレビューし，課題を抽出する（「場」及びプラットフォームに関しては次項にて論じる）。

　知識移転や情報共有に関してネットワーク分析を応用した先行研究は，ネットワークの特性が知識移転に及ぼす影響に関する研究と，当該ネットワークそのものの形成・存続プロセスに関する研究に大別される。以下，これら両者に属する研究群の主張を整理し，課題を抽出しよう。

4　本研究が取り上げるネットワークとは，社会ネットワークすなわち「アクターと呼ばれる行為者としての社会単位が，その意図的・非意図的な相互行為のなかで取り結ぶ社会的諸関係の集合」（金光，2003, p.i）を意図している。

（1）ネットワークの特性が知識移転に及ぼす影響

　知識移転の有効性に影響を及ぼすネットワーク特性としては，成員相互を連結する紐帯の性質，紐帯によって結ばれた相手の性質，ネットワーク中の行為者の位置，ネットワーク全体の構造，及び，ネットワーク中に存在する媒介者が挙げられる。図2.2は，これら要因間の関係を，知識の「受け手」を中心に描いたものである。

　紐帯の性質　（図2.2の①）紐帯の性質に関してGranovetter（1973）は，転職のような情報の入手において，弱くとも広範囲に広がるような紐帯が有効であると述べている。この主張は大きな反響を呼んだが，これに対してKrackhardt（1992）は，環境が不安定で変化が激しい場合においては信頼関係が重要であり，信頼関係樹立のためには強い紐帯が有効であると述べている。Granovetter（1973）の主張が成立する条件について検討した研究もある。例えばHansen（1999）は，知識の探索には弱い紐帯が有効である一方，複雑な知識の移転には強い紐帯が有効であるとし，弱い紐帯が有効とな

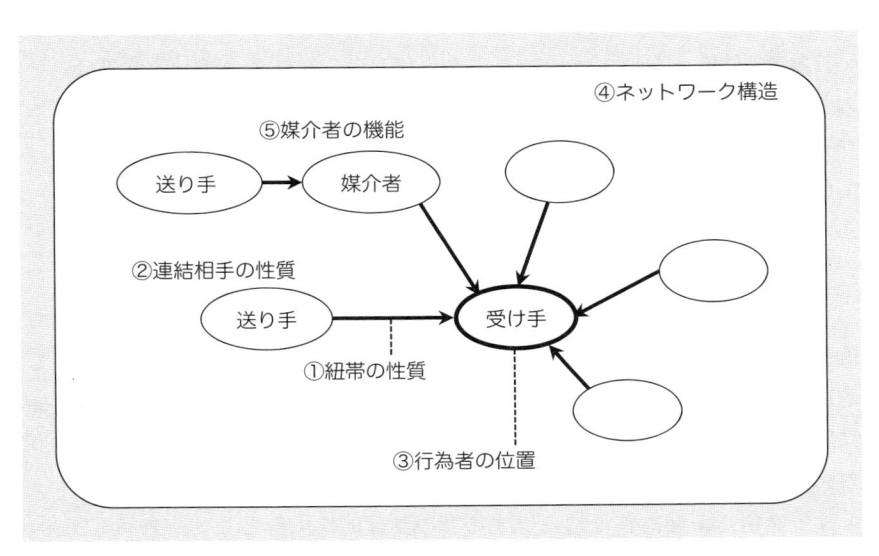

図2.2 ● 知識移転に影響を及ぼすネットワーク要因：「受け手」を中心として

る条件について言及している。また Levin & Cross（2004）は，弱い紐帯が作用するためには信頼が重要であり，特に，暗黙知を移転するためには能力に基づく信頼が重要であると述べている。

　紐帯の強弱のみならず，ネットワーク中に占める紐帯の位置付けに関しても検討がなされ，部署間や組織間をつなぐ紐帯，距離を隔てた相手との間の紐帯，及び上位階層者との紐帯を持つ個人や組織が高業績を上げることが示されている（Cross & Cummings, 2004；McEvily, Jaffee & Tortoriello, 2012）。

　連結相手の性質　（同②）紐帯そのものの性質ではなく，紐帯によって結ばれた相手（例えば，受け手にとっての送り手）の性質が知識移転や業績に与える影響に関しても検討されている。Stuart（2000）は，業績向上を予測する要因として，提携相手の技術能力，収入及びイノベーション性を挙げている。同様に，提携相手のステータスは高業績を予測するとされる（Benjamin & Podolny, 1999）。また，このような関係性は，競合相手との間にも形成されうる。すなわち，競合相手との友好関係（friendship）は情報交換を促し，成績を向上させるのである（Ingram & Roberts, 2000）。

　行為者の位置　（同③）ネットワーク中における行為者の相対的位置は，その行為者にとっての知識移転の有効性に影響する。企業内知識移転ネットワークの研究から，ネットワークの中心近くに位置する者ほど高業績を上げていること（Cross & Cummings, 2004；Reinholt, Pederson & Foss, 2011），また，その傾向は行為者のモチベーションが高いほど強まることが示されている（Reinholt, Pederson & Foss, 2011）。

　ネットワーク構造　（同④）ネットワーク分析においては，ネットワークの構造を示す指標が開発され，各指標が，知識移転の分析モデルの変数として適用されている。ネットワーク密度（density）の高さやネットワーク多様性は知識移転を促す（Reagans & McEvily, 2003）。凝集性（cohesiveness）の高さも高業績を予測する要因である（Ingram & Roberts, 2000）。またネットワーク構造が知識移転に及ぼす影響の具体的な内容として，若林（2009）は，凝集性の高さが漸進的なインクリメンタルイノベーションを，オープン

なネットワークにおけるブリッジ的紐帯が飛躍的なラジカルイノベーションを促すと述べている。

　媒介者の機能　（同⑤）ネットワーク内のある特定の行為者がネットワーク全体の機能に対して影響を及ぼす事実も明らかにされている。すなわち，組織外の知識を組織に取り込む際に，様々な形態の媒介者が重要な役割を担っているのである。

　Allen（1977）は，組織外部の情報を収集しこれを組織成員に伝達する機能を持つゲートキーパーの存在とその重要性を示した。これに対して原田（1999）は，これら外部情報収集を行うゲートキーパーと内部型知識への変換を行うトランスフォーマーが別の個人である可能性を示し，両者を媒介した 3 段階（外部情報収集，内部知識への変換，構成員への情報伝達）のコミュニケーションフローのモデルを提示した。ただし犬塚（2010）によれば，ゲートキーパーとトランスフォーマーが同一人物となるか別人となるかは，当該者の組織在籍期間等の条件に依存するともいう。

　また，実践コミュニティすなわち「あるテーマに関する関心や問題，熱意などを共有し，その分野の知識や技能を，持続的な相互交流を通じて深めていく人々の集団」（Wenger, McDermott & Snyder, 2002, 訳書 p.33）相互間における知識移転においては，（ナレッジ）ブローカーとよばれる個人が重要な役割を担う（石山, 2016；Tagliaventi & Mattarelli, 2006；Wenger, 1998）。ここでブローカーとは，複数の実践コミュニティに所属し，ある実践コミュニティから他の実践コミュニティへと知識を移転する役割を担う個人である（Wenger, 1998）。例えば，テレビ番組作成の分野においては，放送と番組制作の 2 つのコミュニティが存在し，両コミュニティに属するブローカーが両者の実践を結び付けるとされる（Starkey, Barnatt & Tempest, 2000）。

(2) ネットワークの形成と存続

　ネットワーク分析は，ネットワーク構造の分析を通じて様々な現象の説明を試みるが，縦断的・時系列的研究ではなく，ある時点でのネットワーク構

造をクロスセクショナル（横断面的）に分析することが多い。このため，ネットワーク形成・存続に関する実証研究は少ないとされる（Ahuja, Soda & Zaheer, 2012）。さらに安田（1997）は，ネットワーク分析は，ネットワークの形成や存続を明確に説明できる理論を持たないと述べている。このようなことから，ネットワーク形成に関しては，全般的に，ネットワーク全体像よりもむしろ個別の紐帯の形成に関心が向けられている。

　ネットワーク形成の規定因　Mariotti & Delbridge（2012）は，欧州自動車産業を対象とした定性研究に基づき，企業間の提携が，潜在的紐帯（potential tie）から弱い紐帯（weak tie）を経て強い紐帯（strong tie）へと発展するプロセスを示した。その上で，提携先が必要な要件を満足しない場合に，弱い紐帯から強い紐帯へと発展することなく紐帯が解消してしまう事実を発見した。その他，紐帯形成を促す要因としては，企業が保有する特許すなわち企業の技術レベルの高さや資本量が挙げられている（Ahuja, 2000）。

　ダイアド（二者間関係）レベルでの分析を行った研究からは，市場補完性・資源親和性の高い企業間において紐帯が形成されやすいとの指摘がなされている（Mitsuhashi & Greve, 2009）。さらに，紐帯形成に影響する外的環境としては，市場不確実性が高いほど，組織は，過去に取引した相手や類似のステータスを持つ組織と取引しようとする傾向を持つとされている（Podolny, 1994）。

　一方，ネットワーク全体に関する研究としては，知識移転を直接扱った研究ではないが，Varella, Javidan & Waldman（2012）が，集団においてリーダーが高い社会的カリスマ的リーダーシップ（socialized charismatic leadership）を示す場合に，成員間の協力関係が強化されることを通じて紐帯密度が上昇し，密なネットワークが構築されると述べている。

　ネットワーク存続の規定因　Benjamin & Podolny（1999）は，紐帯存続のメカニズムに関して説明を試みている。すなわち，提携相手のステータスが高業績につながることから，高いステータスを持つ提携に参加する者は，コストを支払ってでも当該提携を継続しようとし，紐帯が維持されるという。一方，Gulati, Sytch & Tatarynowicz（2012）は，ネットワーク消失のメカ

ニズムを説明している。すなわち，ネットワーク内部が徐々に同質化して多様性を失い，イノベーションが減り，徐々に魅力を失い，同時に，新規参入者が減ることを通じてネットワークが消失するというのである。

　ネットワークの存続条件に関しては，紐帯密度及び他の成員との資源融和性の高さ，並びに，市場における成員間の競合度の低さが，ネットワークに留まるインセンティブを成員に与え，結果としてネットワーク存続を促すという（Greve, Baum, Mitsuhashi & Rowley, 2010）。

　その他の経時的研究としては，Baum, McEvily & Rowley（2012）が，紐帯が業績に及ぼす影響の経年変化を分析している。しかしながら彼らは，紐帯の形成や存続について検討を行ったわけではない。また，Koka, Madhavan & Prescott（2006）は，環境要因すなわち市場の不確実性（uncertainty）や資源豊潤性（munificence）がネットワークの存続や解体に影響すると述べているが，その主張を経験的に実証したわけではない。

　このように，ネットワーク形成と比較して，ネットワーク存続に関しては，その規定因に関する研究が少ないといえよう。

(3) まとめと課題

　このように，紐帯の特性や全体構造を含むネットワークの特性が知識移転に与える影響に関してはかなりの研究蓄積がなされてきたといえるが，その成果は主としてある時点での経路や媒介者の影響に関するものであり，ネットワークの変化プロセスに関してはまだまだ検討の余地があろう。特に，ネットワーク形成と比較して，ネットワーク存続の規定因に関しては，その重要性にもかかわらず，十分な検討がなされてきたとはいえない。たしかに，ネットワーク存続に関しても，相手の能力（Mariotti & Delbridge, 2012）やステータス（Benjamin & Podolny, 1999），既存の紐帯密度や資源融和性（Greve et al., 2010），並びに市場環境（Greve et al., 2010）が存続条件として指摘されている。しかしながらこれらの要因はいずれも当事者にとって介入困難なものであり，有効な実践的含意をもたらすものとはいい難いのである。

　一方で，実務上，知識移転のためのネットワークの存続に関する検討は，ネットワーク形成に関する検討と同等あるいはそれ以上に重要であると考えられる。なぜなら，第1に，紐帯存続条件は形成条件とは別物であり，個別の検討が必要である。ある紐帯が形成されたということは形成条件を満足したからに他ならないのであるが，だからといってこれらが全て存続し続けるわけではない。第2に，知識の継続的獲得が不可欠とされる現代において（Kogut & Zander, 1992），知識移転経路となる紐帯の維持存続は，紐帯の一過的な形成以上に重要である。第3に，紐帯維持は，紐帯形成以上に，限られたリソースによって効率的に実施しなければならない。社会インフラの維持管理と同様，存在するものの維持というテーマは，一般にマネジメントの関心訴求や予算等のリソース獲得が困難であり，効率的な実施が必須なのである。

　以上のようなことから，ネットワーク存続のための介入可能な規定因や，当該規定因がネットワーク存続を促す仕組みに関して，一層の研究が必要であると考えられる。そして，これらの課題解決の手がかりとなるのが，次に説明する「場」[5]及びプラットフォームである。

2.1.7. 「場」とプラットフォーム

　すでに述べたとおり，ネットワーク論は，知識移転等に対するネットワークの効果をその構造面から説明する上で有効な理論である。一方でネットワーク論は，このようなネットワークの形成や存続の説明には必ずしも適していない（安田, 1997）。また，ネットワーク論の分析の基本単位は，行為者間のダイアド（二者間関係）及びその集合であり，第三者の機能の分析にはなじまないと考えられる。

　一方，知識移転や知識創造，その他行為者間の交流を通じた価値創造を促すしくみとして，以下で述べるとおり，「場」やプラットフォームの概念が

5　以下，知識創造論に関連して Nonaka & Konno（1998）や野中・紺野（1999）のように定義される「場」（ba）を鍵カッコ付きで表記し，一方，一般的な意味での場（place）を鍵カッコなしで表記することにより，両者を区別する。

提案されている。また，ネットワーク論は，送り手と受け手，送り手と媒介者及び媒介者と受け手の二者間関係すなわちダイアドを中心に分析を行ってきたものであるが，「場」論[6]やプラットフォーム論は，これらのダイアドの構築を支える基盤や，その運営方法に注目する理論である。このような視点の違いから，知識移転に関して，「場」論やプラットフォーム論は，ネットワーク論とは異なる分析視点を提供すると考えられる。

「場」は，知識共有や知識創造を促す基盤として提唱された概念であり（Nonaka & Konno, 1998；野中・紺野，1999），「共有された文脈——あるいは知識創造や活用，知識資産記憶の基盤（プラットフォーム）になるような物理的・仮想的・心的な場所を母体とする関係性」と定義される（野中・紺野，1999, p.161）。なお，「場」には，職場のような物理的なものの他，インターネット等を介した仮想的なものも含まれる。

遠山・野中（2000）によれば，よい「場」の条件とは以下のようなものである。すなわち，① 独自の意図，目的，方向性，使命等を持った自己組織化された場所であること，② 参加者のコミットメントがあること，③ 参加者が直接経験することができる場であること，④ 境界が開かれていること，⑤ 異種混合が行われること，そして，⑥ 即興的な相互作用が生じることである。

「場」の概念は，単一組織内だけでなく，複数の組織を跨ぐ形での協働に関しても適用されている。小島・平本（2011）は，政府，NPO（nonprofit organization）[7]及び企業による協働プロジェクトが円滑に遂行される上で，「協働の場」すなわち協働の形成・実現・展開のために特定の参加者によって共有されたコンテクストの構築が重要だとしている。また，協働の場に加え，活動を活性化させる「協働アクティビスト」の働きが重要だとしている。協働アクティビストとは，「自らの資源（時間，コミットメント，人的ネットワーク，名声等）を進んで投じ，協働の形成・実現・展開に影響を及

---

6 「場」の概念は元来，知識創造論（Nonaka & Takeuchi, 1995）において提唱されたものであり，「場」論とよばれるような研究領域は存在しないが，本論文においては，便宜的に，「場」を論じる理論を「場」論とよぶこととしている。

7 not-for-profit organization ともいう。

ぼすことで協働を成功に導こうとする参加者」をいう（小島・平本, 2011,
p.23）。協働アクティビストは，組織間の協働において，協働の場の設定・
活用を通じて問題を解決し，もって協働の進展をリードするとされる。

　ところで「場」の定義中（Nonaka & Konno, 1998；野中・紺野, 1999），
「プラットフォーム」の語が使用されている[8]。プラットフォームとは当初，
コンピューターネットワークの分野において「企業や個人がネットワーク上
で情報価値の生産を行うための場」（國領, 2011, p.58）として定義されたも
のである。その後プラットフォームの概念は，社会における価値創造を生じ
させる場として，コンピューターネットワーク上のものに限定されない形で
拡張されている。このような拡張されたプラットフォームは，「複数のアク
ターが参加し，コミュニケーションや交流することで，相互に影響し合って
何らかのものや価値を生み出す場やしくみ」と定義される（敷田・森重・中
村, 2012, p.26）。

　個人や組織間の媒介としてのプラットフォームの機能として，國領（2011）
は，① 探索（つながりのパートナーを探す機能），② 経済価値評価（取引等
が行われる場合に妥当な交換条件を決定する機能），③ 信用（つながった当
事者同士の信頼関係形成を助ける機能），④ 費用構造変換（資源の共有化等
を通じてつながりのメリットを当事者それぞれの経済価値化する機能），及び，
⑤ 標準的取引手順機能を挙げている。ただしこれらの機能は，主としてプ
ラットフォームビジネスを通じた商取引に関連した機能であると思われる。

　より広い意味でのプラットフォームの機能として，平野・ハギウ（2010）
は，① 複数のグループの交流を促す場を提供するマッチング機能，② イン

8　「場」とプラットフォームは，双方とも人同士の関係性に関連する概念であるが，視点の相違も
　存在する。
　「場」は，その定義（Nonaka & Konno, 1998；野中・紺野, 1999）が示すとおり，人と人の関係
　性そのものである。また，そのような関係性のうち特に，知識の創造や変換（暗黙知と形式知）
　の基盤となるようなものに注目するものである。
　一方，プラットフォームは，人と人の関係性を生じさせる仕組である。例えばネットワーク
　オークションは，売り手と買い手の間をつなぐ。プラットフォーム論は，このような仕組みの
　構築・運営に着目するものである。すなわちプラットフォーム論は，知識創造・変換のみなら
　ず，製品開発や商取引における現象を説明しようとするものであり，「場」よりも包括的である。
　このように比較すると，「場」は，まさにその定義（Nonaka & Konno, 1998；野中・紺野, 1999）
　にあるとおり，プラットフォームを母体とする「関係性」の一種ということができる。

フラ構築や手続き，③ 検索に関するコストを削減する機能，④ プラット
フォーム外部におけるネットワーク構築を促す機能，及び，⑤ 通常では相
互作用が及ばない2つ以上のグループを結び付ける三角プリズム機能を挙げ
ている。

　このように「場」やプラットフォームは，参加者間をつなぐ機能を持って
いる。しかしながら，そのつながりの形成・維持のメカニズムや，つながり
形成におけるプラットフォームの機能に関しては，一層の検討の余地が残さ
れている。國領（2011）は，プラットフォーム上の活動が継続するために信
頼関係の構築と参加の誘因が必要と述べているが，その主張の実証は依然と
して課題として残されているのである。

2.1.8.　知識移転研究の対象組織

　視点を変えて本項では，知識移転に関する先行定量研究の分析対象となっ
た組織種別を整理する。定量研究の分析対象の把握を通じて，定性研究を含
む今後の研究のあり方について示唆を得ることができると考えたためである。
　今回レビューした定量研究（24件）の検討対象のうち実験法の1件を除
いた23件について，その検討対象となった知識移転の枠組みの内訳は，単
一企業内部門間知識移転（6件），単一企業における企業内部または企業外
からの知識移転（4件），多国籍企業グループ構成企業間知識移転（6件），
戦略的アライアンス内パートナー企業間知識移転（3件），フランチャイズ
チェーン店舗間・フランチャイジー間知識移転（2件），及び，取引企業間
知識移転（2件）であった。このとおり，全ての研究は，民間営利企業を分
析対象としていた。この結果は，非営利組織[9]を分析対象とした知識移転研
究が少ないという Venters & Wood（2007）の主張のとおりである。

9　本来ここで，非営利組織を定義しておくべきである。しかしながら，非営利組織と営利組織，
　及び，公組織（public organization）と私組織（private organization）の区分は容易ではない
　（Perry & Rainey, 1988）。このため本研究においては，非営利組織の定義には深く立ち入らない。
　ただし，本研究の扱う非営利組織は政府機関，公団，公社，政府保有企業等に限定され，議論
　を進める上で特段の問題はないと考える。なお，本研究の対象となる組織には，わが国の特定
　非営利活動促進法が定める特定非営利活動法人（いわゆる NPO 法人）は含まれていない。

　Fottler（1981）によれば，非営利組織と民間営利企業の最大の相違は，その収入または資本の源泉であるが，収入源やインセンティブの相違は，知識移転に影響を及ぼすと考えられる。また，非営利組織は，民間営利企業と比較して，組織目標相互間の矛盾が多く，組織の自律度が低く，トップマネジメントの交代も多いという特徴を持つが（Rainey, Backoff & Levine, 1976），これらはいずれも知識移転を妨げる要因である（Galbraith, 1990；Ghoshal & Bartlett, 1988；Szulanski, 1996）。このようなことから，非営利組織の知識移転には営利企業の場合と異なる要素が存在することが予想される。

　一方，非営利組織と民間営利企業の間には共通点も多く（Fottler, 1981），非営利組織を扱った研究の成果も営利企業による知識移転に関する議論の進展に貢献可能である（小島, 1990）。このように，知識移転に関しては主として民間営利企業が分析対象となってきたが，非営利組織への分析対象の拡大は，理論の発展や実務への応用に対して大きく貢献するものと考えられる。

2.1.9.　知識移転研究に関するレビューのまとめ

　ここまで，知識移転に関する先行研究のレビュー及び組織学習との対比を通じて，知識移転の概念，プロセス及び研究対象を検討してきたが，その結果，いくつかの研究上の課題が明らかになった。

　第1に，知識移転を支える基盤に関してさらなる研究が必要である。「場」やプラットフォームは，知識移転経路となるような，送り手と受け手の間の紐帯の形成を促す（Nonaka & Konno, 1998；野中・紺野, 1999）。しかし，「場」やプラットフォームが紐帯形成や紐帯存続に与える影響に関してはさらに研究を進める必要がある。

　第2の課題として，知識移転プロセスにおける向上段階と統合段階の関係に係る研究，すなわち知識移転4段階プロセス（Szulanski, 1996）の再検討が挙げられる。Szulanski（1996）は，実践への適用を通じて成果を上げた後にルーチンが形成されると位置付け，向上段階の後に統合段階に至るものと整理している。すなわち，移転された知識の日常的な適用を通じて行動が

形成され，意味と行動が共有され，新しい実践が制度に埋め込まれ，ルーチンが形成されるものとしている。ルーチンが形成されるためには，実践への知識適用を通じた修正すなわち再生産（Attewell, 1992；Foss & Pedersen, 2002；Leonard & Swap, 2005）が必要だと考えるためである。しかし逆に，受け手において再生産がなされる過程においてはすでに，知識はルーチンに埋め込まれていなければならないともいえる。なぜなら，ルーチンとは，「組織を取り巻き，かつ，組織が使用するフォーム，ルール，手続き，習慣，戦略，技術」（Levitt & March, 1988, p.320）であり，組織として知識を公式に適用するためには，上記のようなルーチンの各要素が必要だからである。逆に，知識使用の結果に基づくルーチンの修正も必要である。また，環境の変化に応じるためにも，ルールや戦略は適宜修正されるべきものである（Hedberg, 1981）。このように，知識移転プロセスにおいて，向上段階すなわち知識の使用と，統合段階すなわち知識のルーチン化は，一方が先で他方が後といった関係ではなく，反復的かつループ的な関係にあるといえる。この点に関しては，実証研究を通じてより詳細に検討する必要がある。

2.2.　実践コミュニティ[10]

2.2.1.　はじめに

　前節においては，組織学習の一形態としての知識移転論に関して先行研究をレビューし，取り組むべき課題を抽出した。

　一方，知識移転を含む組織の学習を論じる上で，組織成員個人による学習の分析は重要であると思われる。個人の学習なくして組織学習は起こりえないし，逆に，学習した知識の棄却すなわちアンラーニングも個人を通じてなされると考えられている（Hedberg, 1981）。また，組織間の連携の形成において個人的なつながりは不可欠である。例えば，金井（1994）によれば，ベンチャー企業間のつながりの基礎は組織を代表する個人相互間のつながりで

---

10 本節における実践コミュニティに係る先行研究レビューは，中西（2015）に基づいている。

あるという。ゆえに，知識移転のための組織間のつながりも，個人間のつながりがその根底にあるといえよう。

　このように，組織学習を支える個人の学習について分析し組織学習との関係について検討することは重要だと考えられるが，個人の学習と組織学習の関係を扱った実証研究は少ない（Tsang, 1997）。このため本研究は，組織による知識移転のみならず，個人の学習を分析し，組織学習の一形態たる知識移転との関係について検討を行うことをねらいとして掲げている。

　また，他者との関わりを通じた重要な学習の場として実践コミュニティ（Lave & Wenger, 1991）の概念が提唱されている。実践コミュニティは，組織や集団の中での個人の学習（Bourhis & Dubé, 2010）のみならず，組織レベルにおいても，知識移転（Roberts, 2006）やイノベーション（Brown & Duguid, 1991；Swan, Scarbrough & Robertson, 2002）を促すとされる。

　このため本研究においては，実践コミュニティに関する実証研究を行い，その結果を，知識移転の実証研究において分析結果を考察する際に参照する。実践コミュニティに関する発見事実から，知識移転の分析のための有用な手がかりを得ることができると考えるためである。

　その実証研究に関しては第4章にて詳しく論じることとし，本節においては，先行研究レビューを通じて実践コミュニティ論の課題抽出を試みる。このため最初に，準備として，経験学習論の知見を概観する。学習の場として実践コミュニティに着目することの必要性を確認するためである。

　次に，実践コミュニティの多様性に関する問題を整理する。多様性の問題こそが実践コミュニティ論の諸問題の発端となっていると考えられるからである。この問題とは，具体的には，定義の乱立と，先行研究の分析対象となっている実際の実践コミュニティの多様性を指している。このため，先行研究による実践コミュニティの定義を整理する。なおその際，実践コミュニティ概念を，その構成要素であるコミュニティ，実践及び実践共有に分解し，その上で，実践コミュニティそのものの定義について検討する。

　定義の整理の次に実践コミュニティの類型化を論じる。今後の研究課題とすべき実践コミュニティ種別を明らかにするためである。このため，先行研

究の分析対象となった実際の実践コミュニティを整理し，その特徴を記述する属性を抽出した上で，協働と越境性の2次元に基づく実践コミュニティの6類型を提案する。

　これらの概念的検討に続き，本節後半では，実践コミュニティ活性化の条件を整理する。実践コミュニティ活性化を通じて知識移転を促すための実務上のヒントを引き出す基礎とするためである。さらに，実践コミュニティと公式組織との関係に係る議論を整理する。本研究で分析対象とした実践コミュニティが先行研究の分析対象とどのような点で異なるかを確認するための準備である。そしてこれらのレビューに基づき，本節の結びとして，実践コミュニティ論に係る先行研究の課題を整理する。

2.2.2.　経験学習

　本研究は，学習の場として実践コミュニティに着目しているのであるが，実践コミュニティ論に関してレビューする前に，経験学習に係る先行研究に関しても簡単に整理しておきたい。これにより，実践コミュニティを論じる必要性がより明確になると考えるためである。

　能力開発における経験の重要性に関して，McDaniel, Schmidt & Hunter (1988) は，成人の能力開発の70%以上は経験によって説明できると述べている。すなわち組織の成員は，研修だけで仕事に必要なスキルを獲得できるわけではなく，現場配属後も日々の経験を通じて学習し続ける必要がある。

　いかなる経験が学習を促すかという観点では，組織のリーダーや管理職を対象に多くの経験的研究がなされている。例えば McCall, Lombardo & Morrison (1988) は，企業経営幹部（executives）に対する面接に基づき，その成長を促す13種類の経験を抽出し，これらを5つのカテゴリーに区分した。これらのカテゴリーと経験とは，①キャリアステージの設定（初期の業務経験，最初の監督経験），②説得による指揮（プロジェクト・タスクフォース，ラインからスタッフへの異動），③ライン業務における指揮（ゼロからのスタート，再建，スコープ拡大），④他者との関係（上司），⑤困難（個人的トラウマ，昇格失敗・降格，転職，ビジネス上の失敗，部下の能力

の問題）である。

　一方，金井（2002）は，経営幹部の成長を促す経験のうち，飛躍的成長を遂げる契機となった「一皮むけた経験」に着目している。金井が抽出した経験種別の多くは McCall, Lombardo & Morrison（1988）の結果と共通しているが，金井の研究では特に海外勤務の持つ意味が重視されている。海外勤務においては，成長を促す業務経験に接する機会そのものが多くかつ独力での対処が要求されると同時に，異文化交流を通じてグローバル感覚が養われるためである。

　これらの研究は，主としてジェネラリストを対象として行われてきたものである。一方，スペシャリストに関しては，松尾（2006）が，IT 技術者に対する面接に基づき，プロジェクト・マネジャーとコンサルタントといった職種間で経験学習プロセスのパターンが異なることを示している。これは，各職種における知識の領域固有性（Chi, Glaser & Rees, 1982）に加え，経験学習プロセスにおいても領域固有性が存在することを示したものである。また，石山（2011）は，組織内において専門的業務に従事する「組織内専門人材」の能力開発等に関する意識と行動を実証的に検討し，当該人材の特徴として，人的ネットワークを通じた能力開発を志向する意識及び行動，並びに，専門領域の確立を志向する意識の各因子を抽出している。

　これらの研究の成果に共通しているのは，学習機会となる経験の多くは他者との関わりの中で得られるという点である。すなわち，個人の学習を分析する上で，他者との関わりに関する検討は避けて通ることができない。そして，実践コミュニティ（Lave & Wenger, 1991）の概念はそのような関わりが生じる場を分析する上で有用であり，このため本研究においても実践コミュニティに関する検討を行うこととしている。そこで次項以下においては，実践コミュニティに焦点を当てレビューを行うこととする。

2.2.3. 実践コミュニティの多様性に係る課題

　実践コミュニティの概念は，当初，産婆や仕立屋といった，成員が日常的かつ局所的に協働するような局所的コミュニティを意図するものであった

（Lave & Wenger, 1991）。そしてやがて，社内タスクフォースや勉強会のように，比較的弱い紐帯で結びついた集団や，地理的凝集性を持たないような集団をも含むように拡張されてきた（荒木, 2008）。その結果，現在においては同じ実践コミュニティという用語の元に，少人数職場コミュニティからインターネットを介した広域的な分散型コミュニティ（例えば Hur & Brush, 2009）まで，様々なコミュニティが論じられている。

　いずれの形態のコミュニティにもそれぞれ固有の意義がある（Hodkinson & Hodkinson, 2004）。しかし，きわめて多様かつ異質な集団を，十分な注意を払うことなく単一の用語により同列で論じることは，理論の精緻化において支障をきたしているとも考えられている（Roberts, 2006）。また，実践コミュニティの定義の乱立といった問題も生じている（例えば，Handley, Sturdy, Fincham & Clark, 2006；Hodkinson & Hodkinson, 2004）。このような状況から，実践コミュニティは，まだ十分に研究成果が熟した分野とはいえないとも指摘されている（Lindkvist, 2005）。そこで次に，実践コミュニティ概念を明確化するため，実践コミュニティの語を構成する2要素，すなわち実践とコミュニティの各語について定義を個別に検討した上で，実践コミュニティの定義について考察する。

2.2.4.　実践コミュニティを構成する概念

　実践コミュニティの語は，文字通り「実践」と「コミュニティ」の2つの要素により構成され，後述するとおり，特に実践の共有こそが実践コミュニティを特徴付ける鍵概念であるといえる。そこで，本項においては最初に，実践コミュニティの語を構成する要素である「コミュニティ」，「実践」及び「実践共有」の各概念について個別に検討し，次いで「実践コミュニティ」そのものの定義を検討する。

(1) コミュニティ

　一般に社会学においてコミュニティとは，「地域性と共同性という二つの要件を中心に構成されている社会」を意味する（『新社会学辞典　新版増補

版』, 有斐閣, 1993, p.478)。しかしながら現代においては, 移動通信手段の発達により, コミュニティは地域性に限定されないとの主張もある（Wellman, 1979)。一方, 実践コミュニティ論におけるコミュニティは必ずしも局所性を必要としていない。すなわち実践コミュニティ論におけるコミュニティとは, 社会学的には,「共同性を中心に構成された集団」を意図しているということができる。

　Etzioni（1996）によれば, コミュニティは, 以下の3要件によって特徴付けられるという。第1に, グループ内での情動集積的（affect-laden）な関係である。すなわちコミュニティに属する成員間の関係は, 個人間の二者間関係やその直列的連鎖ではなく, 複合的に折り重なりかつ相互補完的なものである。第2に, コミュニティにおいては, 成員間での価値, 規範, 意味, 歴史及びアイデンティティの共有が必要である。第3に, 成員間の関係は, 一方的ではない相互反応的なものである必要がある。先行研究の分析対象となった実践コミュニティはいずれも, 基本的にこれらの要件を満たすものとなっている。

　一方, 実践コミュニティ論においては, Wenger, McDermott & Snyder（2002）が, コミュニティを「共通領域に関心を持つ人々の集まり」と定義し（訳書 p.63), 共通の関心領域こそがコミュニティの存在理由であると述べている。また Brown & Duguid（2001）は, コミュニティとは, 成員相互間が強い紐帯によって結ばれた集団であるとしている。さらに Lindkvist（2005）は, このような強い結束の醸成のために, 成員間の関係の長期にわたる継続が必要だとしている。

　コミュニティ概念に関する以上のような理解を参照すれば, 実践コミュニティ論におけるコミュニティとは,「比較的長期間にわたる関心の共有を通じて相互的に結び付いた人々の集団」と定義することができよう。

(2) 実践

　「コミュニティ」に関するこの定義をふまえれば, 実践コミュニティとは, 共通の関心領域として実践を共有するコミュニティであるということができ

よう。そこで次に検討すべきは，コミュニティの共通関心領域である実践の概念ということになる。

　しかしながら先行研究の多くは実践の概念を明確に定義しておらず，これを自明のものとして扱っているか，あるいは，「実践コミュニティ」を，「実践」と「コミュニティ」に分解することなく1つの概念として扱っている。実践概念の重要性にもかかわらず，これまで，実践の概念は詳細に検討されなかったのである（Brown & Duguid, 2001）。

　その中で，実践の概念を明確に定義している数少ない例が，Cook & Brown（1999）である。彼らは，実践を「組織的または集団の特定の文脈によって特徴付けられ，『実務』を行う上で調和された，個人と集団の諸活動（the coordinated activities of individuals and groups in doing their "real work" as it is informed by a particular organizational or group context)」と定義している（pp.386-387）。また，Brown & Duguid（2001）は，Bourdieu（1977）を参照しつつ，実践を，「課業，仕事，職業を十全的に引き受けまたはこれらに従事すること（undertaking or engaging fully in a task, job, or profession)」と定義している（p.203）。

　上記の2つの定義は，何らかの形で仕事に関わることを実践と位置付けているが，その一方で，仕事等の活動を通じて形成された道具，規範等の生成物すなわちアーティファクトを実践とよぶ立場も存在する。例えば Wenger（1998）は，実践とは「物事への従事を支える，共有された歴史的社会的資源，参照枠及び視座」であると述べている（p.5）。

　上記の例以外では，実践コミュニティに関する先行研究において実践を明確に定義したものは少ない。しかしながら，逆に先行研究の対象となった実践コミュニティにおける成員共通の関心領域を抽出すれば，それこそが当該研究の想定する「実践」ということになるはずである。なぜなら，関心領域の共有を通じて結び付いた集団がコミュニティであり，その関心領域が実践であるときに当該コミュニティが実践コミュニティとなるからである。

　この点を考慮しつつ，先行研究の対象となった実践コミュニティの関心領域を抽出したところ，ほぼ一様に，Brown & Duguid（2001）の想定すると

おり，課業，仕事，職業への従事がそのコミュニティの関心領域すなわち実践ということになった。例えば，病院内実践コミュニティ（Tagliaventi & Mattarelli, 2006）にとっての関心領域すなわち実践は医療行為であり，同様に，テレビ番組制作関係者コミュニティ（Starkey, Barnatt & Tempest, 2000）にとっての実践はテレビ番組制作のための諸活動である[11]。

　なおここで重要なのは，実践が単に作業等の活動のみを指すものではなく，当事者及びその活動を取り巻く状況と不可分であるという点である（Lave & Wenger, 1991）。このため実践の形成にはある程度の時間も必要となる（Bourdieu, 1977）。また実践はそのための多くの道具と結び付いている（Dreyfus, 1991）。すなわち，実践とアーティファクトは不可分なものなのである。

　以上から本研究においては，実践を，「状況に埋め込まれた中で，課業，仕事，職業を十全的に引き受け，または，これらに従事すること」と定義する。この定義は，Brown & Duguid（2001）の定義に基づきつつ，状況に埋め込まれたものであるという実践の特性を重視している。また，個人が暗黙知を獲得可能なレベルにおいて課業に従事するときに，「十全的従事」が生じているとみなす。後に，成員間での暗黙知の移転共有が重要な視点となるのであるが，そもそも個人が暗黙知を保持していなければ，暗黙知の移転共有を論じる意味もなくなるからである。

　一方，いかなる形態で仕事等に関わったときに実践が共有されているとみなすかに関しては，先行研究群において2とおりの立場が存在する。このため次に，実践共有に関するこれらの立場を比較検討する。

(3) 実践共有

　実践共有は，知識共有やアイデンティティ形成において不可欠なものである（Brown & Duguid, 2001）。しかしこれまで，何をもって実践共有とするのか，明確な議論がなされてこなかった。そこで先行研究を分析した結果，

---

11 ただし，Wenger（1998）は，仕事に限らず，日常的な活動全てへの持続的な従事を実践と捉え，家族，学校での生徒の集団，アマチュアバンド等も実践コミュニティに含めている。

以下のとおり，協働こそが実践共有であると位置付ける立場と，協働がなく
とも知識共有をもって実践共有がなされているとする立場の 2 つの立場に分
類されることが明らかになった。以下，これら両者の立場を概説する。なお
本研究においては，協働を，「複数の者が同時にかつ共同で 1 つの課業に十
全的に従事すること」と定義する。共同での十全的従事が，暗黙知の共有に
おいて重要となるからである。

協働こそ実践共有とする立場　第 1 の立場は，協働こそが実践共有であり，
コミュニティが実践コミュニティとみなされるためには協働が不可欠である
とするものである。特に実践コミュニティ研究初期においては，主としてこ
のような協働型コミュニティが扱われている。Lave & Wenger（1991）が
考えた初期の実践コミュニティ概念も，産婆，仕立屋，海軍の操舵手，肉加
工職人等の局所的な職場における協働を通じた学習を説明するものである。

　協働こそ実践共有とする立場は，協働を通じた状況的学習を重視する（例
えば Contu & Willmott, 2003）。すなわち，同じ時間・空間内において上司，
先輩，同僚らと関係し合うことを通じて，常に変化する社会的文脈を共有
し，これに対応することが，学習にとって不可欠であると考える。さらに，
文脈は成員から独立して存在するものではなく，成員の参加による相互作用
を通じて構成される（上野, 1999）との立場から，協働なくしてはそもそも
文脈の構成すら不可能であると考える。また，実践的知識の習得において他
者の観察や模倣が必要（Ibarra, 1999）であることを考慮すれば，状況的学
習こそが学習の中心ということになる。このような状況的学習を通じて，形
式知に加え暗黙知（Polanyi, 1983）[12] の獲得がなされる。すなわち，暗黙知
の移転に際しては，協働を通じた観察や模倣が重要な役割を果たすのである
（Gherardi, Nicolini & Odella, 1998）。

知識共有をもって実践共有とみなす立場　第 2 の立場は，協働がなくとも，
共通の関心領域に関して何らかの知識共有がなされていることをもって実践

---

12 形式知とは，「形式的・論理的言語によって伝達できる知識」，暗黙知とは，自転車の乗り方の
　ような「言語化不可能な知識」（Polanyi, 1983）あるいは「形式化したり他人に伝えたりするの
　が難しい知識」（Nonaka & Takeuchi, 1995）をいう。

共有とみなすものである。例えば，水道事業者におけるイントラネットを介したコミュニティ（Breu & Hemingway, 2002），教師の授業改善コミュニティ（牧野・福田, 2005），コンピュータ関連技術開発コミュニティ（古澤, 2008），教師の自発的オンラインコミュニティ（Hur & Brush, 2009）においては，基本的に成員同士の協働はないが，時々開催される会合やネット上の交流を通じた知識共有をもって，実践共有が生じているとみなすのである。ここでは，状況的学習が可能となるような時間及び空間の共有は生じていないが，共通の関心領域に関わる実践にそれぞれ従事することによって何らかの文脈共有が可能であり，必ずしも協働は必須ではないと考えるのである（Handley et al., 2006）。ただし，協働が稀にしかないため，学習において重要な観察や模倣の機会は限定的なものとなり，暗黙知の移転も困難になると考えられる。

2.2.5. 実践コミュニティの定義

　ここまで，コミュニティ，実践及び実践共有の概念について個別に整理してきた。その際，実践共有に関して，協働をもって実践共有とみるか，あるいは知識共有をもって実践共有とみるか，2とおりの立場が存在することを示した。そこで，これまでの議論に従い，先行研究における実践コミュニティの定義群を，協働を実践共有と見る定義と知識共有を実践共有と見る定義に区分した。その結果は表2.2のとおりである。

　一方，実践コミュニティの要件を，一まとまりの定義によってではなく構成要素に分解して明示しようという試みもなされている。Hemmasi & Csanda（2009, p.262）は，ある集団が実践コミュニティとみなされるための要件を，関心領域，関係性及び実践共有の3点に集約している。ここで関心領域とは個々の成員がコミットし共有する共通の関心をいうが，この関心領域こそが集団がコミュニティとなるための求心力であることはすでに確認したとおりである。次に関係性とは，成員同士による共同活動，情報共有及び相互扶助を可能とするような成員間の関係をいう。また，実践共有とは，リソース，経験，ストーリー，ツール等の共有をいう。なお，このHemmasi

表 2.2 ● 先行研究における実践コミュニティの定義

文献	定義	実践コミュニティの例
協働を実践共有とみる定義		
Lave & Wenger (1991)	定義に関する明確な記述なし。状況的学習や正統的周辺参加の生じる場として，実践コミュニティ概念を導入した。主に職場を想定している。	ユカタンの産婆，リベリアの仕立屋，海軍操舵手，肉加工職人，断酒中のアルコール依存症者のコミュニティ
Gherardi, Nicolini & Odella（1998）	成員に加え，ふるまいや事象の解釈の方法を共有することによって定義される集団（p.227）	建設業における現場監督のコミュニティ
Wenger（1998）	定義に関する明確な記述なし。日常的な活動への持続的な従事の結果創造される，成員間の活動が共有され，成員間の関係性が築かれているようなコミュニティを想起している（p.45）。	家族，職場での従業員の集団，学校での生徒の集団，アマチュアバンド
Brown & Duguid (2000)	同じ仕事あるいはよく似た仕事に協力して取り組んでいる人たちが，実体験を通して作り上げている，より強力な絆のグループ（訳書 p.175）	コピー機修理工コミュニティ（Orr, 1996）
Lindkvist（2005）	十分な期間にわたる実践の共有を通じて得られた相互関係と理解の共有をもって強く結束するに至った集団（p.1189）	
Tagliaventi & Mattarelli（2006）	成員が自発的に（spontaneously）仕事の実践を共有する自己管理的（self-managing）システム（p.292）	病院内職種別コミュニティ
知識共有を実践共有とみる定義		
McDermott（1999）	実践コミュニティとは，知識を共有し，共に学習し，共通の実践を生み出すグループ。なお，組織内の公式チームを横断的に結び付けるものとして実践コミュニティを位置付けている。	会社内の組織横断的コミュニティ
Breu & Hemingway (2002)	共通の関心または専門分野における知識共有に身を投じた（dedicated）人々が非公式に，自ら組織化したネットワーク（p.148）	水道事業者におけるイントラネットを介したコミュニティ
Wenger et al. (2002)	あるテーマに関する関心や問題，熱意などを共有し，その分野の知識や技能を，持続的な相互交流を通じて深めていく人々の集団（訳書 p.33）	技術論をかわすエンジニアの集団，子育て術に関する議論をかわす親たち，芸術のスタイルやテクニックについて議論する芸術家，職場情報や技術情報を交換する現場監督
Bourhis & Dubé (2010)	他者から学ぶために集まった個人のグループ（p.176）	組織内知識共有バーチャルコミュニティ

& Csanda（2009）の実践コミュニティ3要件において，Etzioni（1996）のいうコミュニティの第2の要件である価値，規範等の共有は明示されていない。しかしながらここでも，比較的長期間にわたる関心領域や実践の共有を通じて価値や規範等の共有が形成されることが暗に示唆されていると考えられる（Blåka & Filstad, 2007）。Lindkvist（2005）も，実践コミュニティの成立において，長期にわたる実践共有を通じ，その実践に埋め込まれた形で知識共有することが不可欠であると述べている。

　ここで表2.2の各定義群を，Hemmasi & Csanda（2009）の実践コミュニティ3要件すなわち関心領域，関係性及び実践共有と比較する。まず，実践共有は，表における各定義の分類基準であり，両群の間において大きな相違が見られる。すなわち，実践共有のために協働が必要とするか，協働以外の知識共有をもって可とするか，2とおりの立場が存在する。一方，関心領域の共有はいずれの定義群においても意図されている。成員同士が共同活動に従事し，情報を共有し，相互扶助することを可能とするような成員間の関係性も両群において意図されているが，協働を実践共有とする定義の方が，頻繁な接触及びこれに基づく強い関係性を意図している[13]。

　上記の議論から，本研究においては，実践コミュニティを，「比較的長期間にわたって実践を共有し，相互的に結び付いた人々の集団」と定義する。ただし，実践共有のためにかならずしも協働が必須とはせず，協働以外の知識共有によっても実践共有が生じるとの立場をとる。協働が必須との立場をとると，以下で課題を抽出する際に議論の範囲が強く限定されてしまうためである。

2.2.6.　実践コミュニティの属性

　前項まで，実践コミュニティ及びその構成要素の定義を整理してきた。と

---

[13] いずれの定義においても，個人の学習こそが実践コミュニティの一義的な存在理由であると含意されているのであるが，両者の想定する学習が異なっている。すなわち，協働志向の定義における学習とはリアルタイムでの協働を通じた状況的学習を意味し，一方，知識共有志向の定義においては，各人がそれぞれの実践を通じて獲得した実践知識の，コミュニティ内での移転共有を通じた学習が想定されているのである。

ころで，定義の乱立（Handley et al., 2006）の背景には，実際の実践コミュニティそのものが多様であるという実状が存在すると考えられるが，多様性の中にも一定の傾向が存在する可能性がある。ここで，実際の実践コミュニティを適切な次元により整理類型化することを通じて，より的確に現状を認識し，実践コミュニティ論の課題解決に向けた手がかりを得ることができると考えられる。そこで本項では，これまでの議論に基づき実践コミュニティを記述する重要属性を抽出し，次項での実践コミュニティ類型化の準備を行う。

　まず，前項までに検討した諸概念の妥当性を検証するため，これらの諸概念と実際の実践コミュニティを比較したい。このため，表2.3のとおり，先行研究の分析対象となった実践コミュニティ例を整理した。なお，前項においては，実践コミュニティの定義群を，協働の場としての実践コミュニティを想定する定義と，知識共有の場としての実践コミュニティを想定する定義に分類したが，表2.3においても，この分類に準ずる形で実際の実践コミュニティを整理している。すなわち，日常的な協働の生じている「協働型実践コミュニティ」と，日常的な協働はなくとも知識共有の場として機能している「勉強会型実践コミュニティ」の区分である。先に，協働を「複数の者が同時にかつ共同で1つの課業に十全的に従事すること」と定義したが，この定義に基づけば，勉強会型実践コミュニティにおいて日常的な協働は生じておらず，成員は各職場にて個別に実践に従事している。

　ところで，先行研究レビューの結果，これらのいずれにも該当しない実践コミュニティの存在が明らかになった。すなわち，そのコミュニティ内において日常的に協働が生じている複数の部分集合が存在するが，当該部分集合を跨ぐ形での協働は稀にしか生じないようなコミュニティである。このようなコミュニティは，協働型，勉強会型いずれとも異なる性質を持つ。このため，第3の区分として，「複合型実践コミュニティ」，すなわち日常的に協働が生じている複数の部分集合によって構成されているコミュニティの区分を設けた。例えばOborn & Dawson（2010）は，このような，単一職種の成員によって構成される実践コミュニティが複数結合して構成されるネット

表 2.3 ● 実践コミュニティの具体例

文献	コミュニティ	協働	境界	紐帯	制度	発生	場所
協働型実践コミュニティ							
Lave & Wenger (1991)	ユカタンの産婆，リベリアの仕立屋，海軍操舵手，肉加工職人のコミュニティ	日常	内部	強	非公式	自然	局所
Lave & Wenger (1991)	アルコール依存症者の断酒コミュニティ	部分	−	強	非公式	意図	離散
Engeström et al. (1995)	社会福祉事務所，小学校，客船船室工場における職員のコミュニティ	日常	内部	中	非公式	自然	局所
Wenger (1998)	保険会社保険金請求処理部門における職員コミュニティ	日常	内部	強	非公式	自然	局所
Hodkinson & Hodkinson (2004)	中学校（都市部及び地方，計4学科）教師のコミュニティ	日常	内部	強	非公式	自然	局所
Geiger & Turley (2005)	営業チーム内での情報共有コミュニティ（対象企業：公告，菓子，ファイナンス，ビール醸造，薬品）	日常	内部	強	不明	自然	局所 /離散 /ネット
Anand, Gardner & Morris (2007)	コンサルティング会社（そのもの）	日常	内部	中	公式	意図	局所 /離散
Blåka & Filstad (2007)	助産師のコミュニティ不動産業者のコミュニティ	日常	内部	強	非公式	自然	局所
Raz (2007)	携帯電話会社コールセンターにおける職員コミュニティ	日常	内部	強	非公式	自然	局所
高尾・苅宿 (2008)	子供の共同学習ワークショップを支援する NPO	日常	内部	不明	公式	意図	離散
Harris et al.(2003)	工事現場における職員コミュニティ	日常	越境	偏	非公式	自然	局所
Tagliaventi & Mattarelli (2006)	病院における職種（医師，技術者，看護師，物理技師）別コミュニティ	日常	越境*	偏	非公式	自然	局所
Oborn & Dawson (2010)	病院のガン医療チーム（外科医，病理学者，ガン専門医，看護師らにより構成）	日常	越境*	偏	公式	意図	局所
勉強会型実践コミュニティ							
Brown & Duguid (1991)	コピー修理技術者のコミュニティ（Orr, 1996）	少	内部	強	非公式	自然	離散
Breu & Hemingway (2002)	水道事業者内におけるイントラネットを介したコミュニティ	少	内部	中	公式	意図	局所 /ネット
Vavasseur & MacGregor (2008)	正規の能力開発プログラムの一環としての学校内オンラインコミュニティ	稀	内部	中	公式	意図	局所 /ネット

Bourhis & Dubé (2010)	カナダの 14 組織内部の実践コミュニティ	稀	内部	中	公式	意図	ネット
ラッチェム（2002）	ICT 活用の学習ネットワーク（公的に提供される，あるいは課金サービスとしてプロバイダーが提供するもの）	ほぼ無	越境	弱	公式	意図	離散 / ネット
山内（2003）	電子ネットワークで結ばれた専門家と学校のワークショップ・コミュニティ	稀	越境	不明	公式	意図	離散 / ネット
牧野・福田（2005）	教師の授業改善コミュニティ	稀	越境	中	非公式	意図	離散
古澤（2008）	コンピュータ関連技術開発コミュニティ	少	越境	弱	公式	意図	離散
Hur & Brush（2009）	教師の自発的オンラインコミュニティ	ほぼ無	越境	中	非公式	意図	ネット
複合型実践コミュニティ							
Venters & Wood (2007)	ブリティッシュ・カウンシル（対外宣伝活動を行う英国政府外郭団体）における成員のネットワーク	偏在	内部	中	非公式	自然	離散 / ネット
Hemmasi & Csanda (2009)	保険会社（State Farm）の各職場にナレッジマネジメント目的で形成されているコミュニティのネットワーク	偏在	内部	中	公式	意図	局所 / 離散 / ネット
DeFillippi & Arthur (1998)	映画制作関係者コミュニティ	偏在	越境	偏**	非公式	自然	離散
Gherardi et al. (1998)	工事現場における複数のコミュニティの集合体（con-stellation）。エンジニア，班長（site foreman），主請負者（main contractor）により構成される	偏在	越境	偏**	非公式	自然	局所
Starkey et al. (2000)	テレビ番組制作関係者コミュニティ	偏在	越境	偏**	非公式	自然	離散
Bechky（2003）	半導体製造機器メーカーの各職種（設計，プロトタイプ作成，組立）をつなぐネットワーク	偏在	越境	偏**	非公式	自然	局所
松尾（2010）	公益法人（日本知的財産協会）における成員のネットワーク	偏在	越境	偏**	非公式	自然	局所 / 離散

注：　*　これらのコミュニティは組織内部に存在するが，専門性の異なる職種の境界を越えるという意味で越境型とした。
　　**　これらの実践コミュニティにおいては，サブコミュニティ内の紐帯は強く，サブコミュニティ間の紐帯は弱い傾向にある。

ワークを多職種チーム（multidisciplinary team）とよび，単一の実践コミュニティと区別しているが，この多職種チームも複合型実践コミュニティの一種といえる。

　なお本研究においては，複合型実践コミュニティに含まれるこのような同質的部分集合を，便宜上，サブコミュニティとよぶことにする。複合型コミュニティ全体を扱うだけでなく，当該部分集合を1つのコミュニティとして論じる必要があるためである。その定義のとおりサブコミュニティ内においては日常的に協働が生じているが，一方，サブコミュニティ相互間を越境する協働は，日常的には生じていない。複合型コミュニティの例として，日本知的財産協会（松尾，2010）を挙げることができる。同協会の中核部すなわち専任理事や事務局内部の間においては日常的に協働がなされているが，会員企業の職員まで含めて考えると，日常的に協働が生じているとはいえないのである。

　また，表2.3は，6つの属性の観点から各実践コミュニティの特徴を記している。各属性の値の特徴，属性間の関係や全般的な傾向を検討することは，実践コミュニティ概念の多様性（Roberts, 2006）を確認するとともに，その類似性の傾向に基づき少数の類型に集約する上で有用であると思われるためである。なお，協働属性以外の属性はいずれも，先行研究において何らかの形で言及されているものである。表からも明らかなように，各属性は多様な値を示しており，実践コミュニティの多様性の問題（Roberts, 2006）の存在を裏付ける形となっている。

　各属性の説明は以下のとおりである。

　第1の属性は協働の発生頻度である。協働は本研究における実践コミュニティ定義群の区分基準であり，表2.3においても，協働の状況により，協働型，勉強会型，複合型の3類型に実践コミュニティを区分している。協働は，仕事道具のような物理的アーティファクトの共有等を通じて状況的学習を促す。アーティファクトは意思疎通の手段となり（Gherardi, Nicolni & Odella, 1998），成員間の理解共有を促すからである（Engeström, Engeström & Kärkkäinen, 1995）。ゆえに，協働型実践コミュニティにおいてはアー

ティファクト共有を通じた暗黙知移転が促される。一方，勉強会型及び複合型の各実践コミュニティにおいては，アーティファクト共有の機会が限定されるという点からも学習内容に制約が生じ，形式知中心の学習となる。

　これらのことから，協働発生状況は，実践コミュニティを記述する上で最も重要な属性の1つであると考えられる。しかしながら，その重要性にもかかわらず，協働発生の観点から先行実践コミュニティ研究を整理した例は見当たらない。協働属性は，本研究が新たに取り上げるものであるという点を強調したい。

　第2の属性としては，組織境界との関係，すなわち，会社や部署といった組織の内部に位置するコミュニティか，これらの境界を越えて存在するコミュニティかを記述した。後述するように，本研究においては，越境の有無を協働発生状況の次に重要な次元と位置付けている。越境は成員の学習やイノベーションの形態を左右すると考えられるためである。先行研究においても，越境の有無は分析上の重要なポイントと位置付けられている。個人の学習に関しては，越境を通じて問題の体系的理解，他者視点の理解及び批判的思考が促され（Oborn & Dawson, 2010），知識の脱文脈化や一般化が促される(Bechky, 2003)とされている。また，Engeström, Engeström & Kärkkäinen (1995) は，越境を通じた幅広型の熟達に着目して組織内部における学習を通じた熟達と区別し，越境型の熟達を研究する重要性を指摘している。

　組織レベルにおいても越境は重要な役割を果たす。異なる経験，視点，動機を持つ個人間の暗黙知の共有が知識創造を起こす上で重要であることから（Nonaka & Takeuchi, 1995），知識創造において越境は重要である。また，越境はイノベーション創出を促す（Aiken & Hage, 1971；Swan, Scarbrough & Robertson, 2002）。イノベーションや新しい知識を生じさせるためには，考え方の異なる者同士の接触が重要であるためである（Davenport & Prusak, 1998；Leonard-Barton, 1995）。

　第3の属性は成員間の紐帯の強さである。この属性に着目したのは，紐帯の強さが成員間の関係性（Hemmasi & Csanda, 2009）の構築に影響すると考えられるためである。また，紐帯の強さはネットワークの特性を規定する

重要な要因である。弱い紐帯は異なるグループ間を広く結合するネットワークを形成するのに対し，強い紐帯は特定グループ内部を結合する（Granovetter, 1973）。このため，知識の探索には弱い紐帯が有効であるが，逆に，複雑な知識の移転には強い紐帯が有効といった報告もなされている（Hansen, 1999）。

第4の属性は組織内の制度との関係であり，ここでは実践コミュニティを，公式組織によって公式に承認または支持された公式コミュニティと，それ以外の非公式コミュニティに区分している。本属性による分類は，Wenger, McDermott & Snyder（2002）の他，Geiger & Turley（2005）が採用している。公式コミュニティと非公式コミュニティとでは，移転共有される知識の種類が異なることが指摘されている。公式コミュニティにおいては主としてコミュニティ本来の目的に直接関連する知識や公開可能な知識が扱われるが，一方の非公式コミュニティにおいては，これらに限定されない幅広い知識が扱われる。例えば Geiger & Turley（2005）は，営業チーム内での非公式な情報交換において公式の場では扱えない顧客情報（性格，評判等）が扱われていると述べ，両者の相違点を指摘している。このようなことから，一般に，有用な情報はむしろインフォーマルな形で流れるともいわれている（Powell, 1990）。

第5の属性はコミュニティが意図的に作られたものか自然発生したものかを示すものである。本属性を取り上げた理由は，実践コミュニティ論において，自発的なコミュニティこそ有意義であるという立場と，意図的に作られたコミュニティにも固有の意義があるとする立場の，異なる2つの立場が存在するためである。例えば Brown & Duguid（1991）は，自発的コミュニティにおいてこそ有意義な学習が生じると述べている。一方で，知識共有のツールとしてむしろ実践コミュニティを意図的に設立活用することの利点も指摘されている（例えば Swan, Scarbrough & Robertson, 2002）。

そして最後の属性として，実践コミュニティの存在場所を記述している。これは，実践コミュニティの存在場所が単一職場といった局所的なものか，あるいは複数の事業所等に離散したものかを示すものである。同時に，イン

ターネット等のオンライン技術によって成員同士がつながっているものを
ネット型として示している。ただし，場所属性のとる値は 1 つとは限らず，
「局所／ネット」のように複数の形で存在しているものもある。本属性は，
それ自体が実践コミュニティのあり方を規定するというよりもむしろ，他の
属性に影響を及ぼす潜在的な変数としての重要性に着目し，取り上げたもの
である。例えば，局所的か離散かにより，協働の頻度が異なると考えられ
る。また，一部の例外を除き組織内部型コミュニティは局所型となる一方，
越境型コミュニティは離散型となる傾向がある。

　なお，文献レビューによれば，いずれの実践コミュニティも，Lindkvist
（2005）の示したとおり比較的長期にわたって存続するものであった。例え
ば映画制作関係者コミュニティ（DeFillippi & Arthur, 1998）も，映画制作
といった有期プロジェクトが完了した後もなお長期にわたって存続するもの
である。このように，長期にわたる存続を通じて価値や規範の共有（Etzioni,
1996）や関係性の構築（Hemmasi & Csanda, 2009）がなされるといった先
行研究の主張が支持される結果となっている。

2.2.7.　実践コミュニティの次元と類型化

　次に，前項にて抽出した属性に基づき，実践コミュニティを類型化する。
　これまで検討してきたように，協働と越境の有無は実践コミュニティを特
徴付ける重要な属性である。協働は状況的学習を促すとともに（Contu &
Willmott, 2003），実践的知識の習得において必要な他者の観察や模倣の機会
を提供し（Ibarra, 1999），暗黙知の移転を促す（Gherardi, Nicolini & Odella,
1998）。一方，越境は個人の学習や熟達化プロセスに影響し（Bechky,
2003；Engeström, Engeström & Kärkkäinen, 1995；Oborn & Dawson,
2010），また，組織レベルでも知識創造やイノベーション創出を促す（Aiken
& Hage, 1971；Swan, Scarbrough & Robertson, 2002）。

　そこで，「協働」と「越境」を実践コミュニティ分類の基本的 2 次元と位
置付け，両次元に基づき実践コミュニティを 6 種類に類型化した（表 2.4）。
後で詳しく論じるが，本表に示した実践コミュニティ類型は，実践コミュニ

ティの多様性に起因する議論上の混乱（Roberts, 2006）の解決に寄与する
ものと考えられる。また，各類型における実践コミュニティの性質を把握す
るため，表中，各類型について他の4属性（紐帯・制度・発生・場所）に関
する傾向及び実践コミュニティの具体例を記した。表からも見られるとお
り，4属性の値は，協働・境界の両次元に基づく各類型別に一定の傾向を示
している。

　協働次元の観点からは，実践コミュニティを，協働型，勉強会型，複合型
の3種に区分することができる。これらのうち協働型においては，日常的に
協働が生じており，状況的学習や文脈依存的学習（Contu & Willmott,
2003）も日常的に生じている。このため，形式知のみならず暗黙知も移転共

表2.4 ● 実践コミュニティの6類型

		協働次元に基づく区分		
		協働型	勉強会型	複合型
境界次元に基づく区分	組織内部型	紐帯：強い 制度：非公式なもの多い 発生：自然発生なもの多い 場所：局所的なもの多い 例：産婆・仕立屋・操舵手・肉屋（Lave & Wenger, 1991），社会福祉事務所・小学校・客船船室工場（Engeström et al., 1995）	紐帯：中程度 制度：公式なもの多い 発生：意図的なもの多い 場所：多様 例：水道事業者のイントラネットコミュニティ（Breu & Hemingway, 2002），学校内オンラインコミュニティ（Vavasseur & MacGregor, 2008）	紐帯：中程度 制度：明確な傾向得られず 発生：明確な傾向得られず 場所：遠隔化の傾向 例：ブリティッシュ・カウンシル（Venters & Wood, 2007），保険会社（Hemmasi & Csanda, 2009）
	越境型	紐帯：強いもの多い 制度：非公式なもの多い 発生：自然発生なもの多い 場所：局所的 例：工事現場（Harris et al., 2003），病院（Tagliaventi & Mattarelli, 2006）	紐帯：弱いもの多い 制度：明確な傾向得られず 発生：意図的 場所：離散またはネット 例：教師のオンラインコミュニティ（Hur & Brush, 2009），コンピュータ関連技術開発コミュニティ（古澤，2008）	紐帯：偏在する傾向 制度：非公式 発生：自然発生 場所：多様 例：半導体メーカー内ネットワーク（Bechky, 2003），日本知的財産協会（松尾，2010）

有されやすい。日常的に協働が生じる必要性から，局所的なものが多く，逆にネット単独型はない。また，頻繁な協働から強い紐帯が生じているものが多い。勉強会型は，日常的には協働しないものの成員がその関心に向け知識を共有するコミュニティである。状況的学習は限定的にしか生じず，移転される知識も形式知に限定される。ネット単独型を含め様々な形態が可能であるが，その紐帯は弱いものが多くなる。複合型は，協働型コミュニティを部分集合すなわちサブコミュニティとして内包するものである。当該サブコミュニティ内においては頻繁に協働が生じているが，これらを越える形での協働は少ない。このため，サブコミュニティ内においては状況的学習が生じ，暗黙知も移転されるが，これらを越える形での状況的学習は少なく，暗黙知も共有移転されがたい。存在場所としては様々な形態が可能であるが，各サブコミュニティは局所的であることが多い。紐帯も，サブコミュニティ内においては強いものの，サブコミュニティ相互間においては弱くなる傾向にある。

　一方，境界次元に関しては，組織内部型すなわち単一組織に属する成員によって構成されるものと，越境型すなわち複数の組織の成員によって構成されるものとに区分される。各区分間においては，学習内容や熟達化プロセス（Bechky, 2003；Engeström, Engeström & Kärkkäinen, 1995；Oborn & Dawson, 2010），並びに，イノベーション発生のしくみが異なる（Swan, Scarbrough & Robertson, 2002）。

　上記 2 次元に基づく実践コミュニティ 6 類型の特徴は以下のとおりである。

　まず，内部・協働型コミュニティは，実践コミュニティ論の原点とよぶべきものである。仕立屋（Lave & Wenger, 1991）等，局所的な職場コミュニティがこれにあたる。ここにおいては日常的な協働と濃密な状況的学習が生じている。

　第 2 に，越境・協働型コミュニティは，組織の境界を越えた協働が日常的に生じているものである。工事現場（Harris, Simons, Willis & Carden, 2003）のように，複数の組織に所属する成員が同一の職場において協働する

ようなケースがこれにあたる。越境という点以外、その基本的性質は内部・協働型実践コミュニティに類似するが、組織の秘密に属するような知識の越境移転が必ずしも行われているとはいえない。

第3に、内部・勉強会型コミュニティは、組織成員が離散して勤務している状況において、各種会合やインターネット等の機会を通じて知識共有を図るものである。水道事業者のイントラネットコミュニティ（Breu & Hemingway, 2002）がこれにあたる。

同様の交流を組織の境界を越えて行おうとするのが越境・勉強会型コミュニティであり、これが第4の区分となる。この区分に属するコミュニティのうち、教師の授業改善コミュニティ（牧野・福田, 2005）は、他組織において同種の仕事に従事する者の間において知識移転等を行うものである。一方、コンピュータ関連技術開発コミュニティ（古澤, 2008）は、同種の関心領域に異なる立場で関与する者、例えばコンピュータメーカー技術者と半導体メーカー技術者の間において知識移転等を行うものである。このような異業種間の交流は、イノベーションを促すともいわれている（Leonard-Barton, 1995）。

第5の区分となる内部・複合型コミュニティは、同じ組織に属する成員によって構成されるコミュニティでありながら、局所的に協働している成員群と離散している成員群が存在するものである。保険会社（Hemmasi & Csanda, 2009）においては、知識共有のためのコミュニティすなわちサブコミュニティが各事業所に設けられ、同時にこれらのサブコミュニティがネットワークで結ばれて全体として実践コミュニティを形成している。

最後に、越境・複合型コミュニティは、異なる組織に存在するサブコミュニティの集合によって全体としての実践コミュニティを形成するものである。中核部である事務局と周辺部をなす会員企業によって構成される日本知的財産協会（松尾, 2010）はその例である。

2.2.8. 実践コミュニティ活性化の条件

ここまで、定義の整理と類型化を通じて実践コミュニティ概念を検討して

きた。一方，組織として実践コミュニティをナレッジマネジメント等に積極的に活用しようとするならば，その活性化，すなわち，いかにして成員間における友好的な関係構築を促し，また，交流をより密なものとするかが重要な課題となる。このため，実践コミュニティを活性化するための条件についても先行研究により検討がなされている。

　一般に，知識共有という明確な目的を持つ勉強会型コミュニティの場合，設立者や管理者による介入の余地が大きく，その活性化も，設立意図や運営方法に依存する。例えばラッチェム（2002）は，コミュニティ成功の条件として公的支援，リーダーシップ，事業計画，目標，インフラ等を挙げている。同様に McDermott（1999）は，重要トピックへの注力，既存ネットワークの活用，コーディネーターとコアグループの指定，公式マネジメントによる支援等を挙げている。これらは，実践コミュニティを活性化する上で直接介入可能な要因ということができる。

　一方，協働を通じた課題遂行を第 1 の目的とする協働型コミュニティの活性化条件としては，Wenger, McDermott & Snyder（2002）が成員間の緊密感を，より具体的には Geiger & Turley（2005）が共通言語，参照枠及び帰属意識を挙げている。またこれら双方のコミュニティに適用可能な活性化条件としては，古澤（2008）が，即座の見返りを期待しない知識提供関係すなわち「贈答的連結」（吉田, 2008）を挙げている。先の勉強会型コミュニティの場合と比較すると，これらは，直接介入困難な要因ということができる。

　ただし，いずれの先行研究も，主としてコミュニティ内部の要因について検討を行っている。すなわち，いかなる環境下においてこれらの条件が満たされるのかという点についての議論は十分でない。実践コミュニティ活性化を通じた知識移転が促されるような環境要因については，さらなる検討が必要であろう。

2.2.9.　実践コミュニティ相互間及び公式組織との関係

　これまで見てきたとおり，実践コミュニティは，職場や組織といった環境

と不可分の存在である。例えば，公式マネジメントによる支援も，実践コミュニティ活性化の条件として挙げられている（McDermott, 1999）。他の先行研究においても，実践コミュニティと，会社等の公式組織や他の実践コミュニティとの関係に関する分析がなされている。集団相互間の関係把握が，組織において実践コミュニティを生かす上で重要だからであろう。

　例えば Wenger（1990）は，保険会社事務所内において，その成員が公式組織からの疎外感を通じて結合する隙間実践コミュニティ（interstitial community of practice）が存在することを示した。隙間実践コミュニティは，組織が定めた公式ルーチンに従わないとされる。隙間実践コミュニティは強い結合によって結びついた集団であるが，その成員である保険会社職員は会社の従業員でもある。ここで職員は，職場と隙間実践コミュニティの双方に同時に参加することから，アイデンティティ二重化の問題に直面するという（高木, 1999）。

　一方，複数の組織（チーム）と複数のコミュニティの複合的構造についてMcDermott（1999）は，複数のチームの成員間を実践コミュニティにより横断的に結ぶ「二重編み（double-knit）」構造について言及している。二重編み構造は，共通のゴール，独立した職務，結果への説明責任を有するグループ相互間を横断する実践コミュニティである。すなわち，二重編み構造を持つ実践コミュニティは，このような独立した複数の組織に働きかけ，これら相互間を結びつける。McDermott（1999）は，このようなチーム横断的実践コミュニティが学習を促進すると述べている。

　公式─非公式の問題は，実践コミュニティ外部に限らない。Wenger, McDermott & Snyder（2002）は，実践コミュニティ内部における重層構造に関して，活発な実践コミュニティ内部において公共空間（会合等）と私的空間（メンバーの一対一の文脈）の両場面での交流が存在していると述べている。

　しかしながら，表2.3や表2.4からも明らかなとおり，実際の実践コミュニティは多様である。ゆえに，実践コミュニティ相互間や実践コミュニティと公式組織の間の関係も同様に多様であって，先行研究が示した形以外の関

係が存在するものと考えられる。すなわち，隙間実践コミュニティ（Wenger, 1990）に見られる公式組織への反発や，二重編み構造（McDermott, 1999）のような実践コミュニティによる公式組織結合作用は公私の場の関係を分析する上で重要な視点ではあるが，他にも，より相互作用が活発な別の形の関係が存在しても不思議ではない。

2.2.10.　実践コミュニティ研究に関するレビューのまとめ

　これまで，先行研究レビューを通じて実践コミュニティに関わる諸概念や定義の検討を行い，実践コミュニティの次元の抽出と類型化を試みた。本項ではそのレビュー結果をまとめ，残された課題について述べたい。

(1)　実践コミュニティ概念の多様性

　これまで実践コミュニティ概念や定義の多様性や不明瞭さの問題が指摘されてきた（Handley et al., 2006；Hodkinson & Hodkinson, 2004）にもかかわらず，多様かつ異質な実践コミュニティが明確に区別されることなく議論され，議論上の混乱が生じていた（Roberts, 2006）。実際，表 2.3 が示すように，先行研究によって「実践コミュニティ」とよばれた集団は，非常に多様かつ雑多であったのである。

　これに対し本レビューでは，協働が実践コミュニティを特徴付ける要素であると指摘し，協働発生状況によって，実践コミュニティを協働型，勉強会型及び複合型に区分した。また，実践コミュニティを記述する各属性の値が協働次元の値に依存することを示した。協働次元の重要性の発見は，多様といわれる実践コミュニティの全体像を整理・把握するための手がかりを提供するものであろう。

(2)　鍵概念としての協働と実践コミュニティの類型化

　上記のとおり，本レビューでは，実践コミュニティを特徴付ける 6 属性のうち，「協働」が実践コミュニティを特徴付ける鍵概念であることが明らかになった。その上で，協働発生状況によって，実践コミュニティが協働型，

勉強会型及び複合型に区分されることを示した。

　また，実践コミュニティを特徴付ける第2の次元として組織内部型か越境型かの差異に着目し，協働次元を含めたこれら2次元から，実践コミュニティを6類型に分類した（表2.4参照）。Roberts（2006）は，同じ理論を多様な実践コミュニティ全てに適用するのは困難であって，実践コミュニティ間の差異を認めた上で各類型別に理論を構築する必要があると主張しているが，本研究の類型化は類型別の理論構築に貢献するものである。すなわち今後，実践コミュニティ研究は，その目的に即した類型の実践コミュニティを分析対象とすることが望まれる。例えば，状況的学習に関する研究は，協働型実践コミュニティを分析対象とすべきである。勉強会型では，状況的学習は限定的にしか生じないからである。一方，ナレッジマネジメント研究については，勉強会型実践コミュニティを対象に，アクションリサーチ等の手法により当該コミュニティ活性化の条件を探るという方向性が提案される。また，「実践コミュニティは構築可能か」（松本, 2013）といった議論は，勉強会型実践コミュニティに限定されるべきである。協働型実践コミュニティは自然発生的なものであり（表2.4参照），そもそも構築可能性の議論にはなじまないからである。そして，実践コミュニティと学習の関係の検討は各類型別に区分して行う必要があろう。

(3) 残された課題

　これまで述べてきた実践コミュニティの類型中，特に越境型コミュニティに関する研究は，その重要性が高まってきているといわれている（例えば荒木, 2008；中原, 2010）。一方，実践コミュニティに関する先行研究の多くは，コミュニティ新参者による十全性獲得やアイデンティティ形成プロセスを検討するもの（例えば高木, 1999）か，あるいは個人の知識獲得について検討するもののいずれかに分類可能であるが，これらのうち越境型コミュニティに関して，後者に類する実証研究は少ないとされる（荒木, 2008）。

　個人の学習と越境の関係に関する実証研究の貴重な例としては，石山（2011）が，組織内において専門的業務に従事する組織内専門人材の能力開

発等に関する意識と行動を実証的に検討している。その結果，当該人材の特徴として，人的ネットワークを通じた能力開発を志向する意識及び行動，並びに，専門領域の確立を志向する意識の各因子を抽出している。しかしながら，石山自身も言及しているように，石山（2011）は定量研究であり，意識や行動の具体的内容やその形成プロセスの検討は課題として残されている。このように，越境型実践コミュニティにおける個人の学習に関しては，未だ十分に検討されていない。ビジネス環境の変化が著しい現代において，外部からの知識獲得が一層重要なものとなっているにもかかわらずである。

2.3. 先行研究レビューのまとめとリサーチクエスチョン

　本章においては，知識移転及び関連領域における先行研究のレビューを行った。本節では，レビューのまとめとして先行研究の課題を整理した上で，本研究のリサーチクエスチョンを提示する。

2.3.1. 知識移転に関するレビューのまとめとリサーチクエスチョン

　知識移転に関しては，以下のような課題が明らかになった。第1に，知識移転を支える基盤，すなわち「場」やプラットフォームに関して，一層の研究が必要である。「場」やプラットフォームは，その定義にもあるとおり，知識移転経路となる，送り手と受け手の間の紐帯形成を促す機能を持っている（Nonaka & Konno, 1998；野中・紺野, 1999）。しかしながら，これらが紐帯形成や紐帯存続に与える影響に関しては，さらなる検討が必要である。第2に，知識移転における向上段階と統合段階の関係に係る研究の必要性である。知識の使用とルーチン化は，いずれが先といった関係にあるのではなくループ的な関係にあり，これらの段階は交互あるいは同時に進行するものともいえる。この点に関して実証的な検討が必要である。

　本研究においては，上記のような先行研究の課題のうち特に第1の課題に対応することをねらい，組織による知識移転に関して以下のリサーチクエスチョンを立てた。

RQ1-1：航空分野において，新技術導入に必要な知識は，いかなる経路を通じて移転されているのか

RQ1-2：知識移転経路の形成及び維持において，プラットフォームはいかなる機能を果たしてしているのか

　なお，第 2 の課題（知識移転における向上段階と統合段階の関係に関する研究）に関してはリサーチクエスチョンとして掲げてはいないが，分析において適宜考察を加えるものとする。そして本研究は，移転対象となる知識として，航空分野における新技術である PBN（性能準拠型航法）[14] に関連する知識を扱う。

2.3.2. 個人の学習と実践コミュニティに関するレビューのまとめとリサーチクエスチョン

　本研究は個人の学習が組織学習の基盤となると位置付けているが，個人の学習のうち特に実践コミュニティ参加を通じた他者との関わりに焦点を当てることとしている。知識移転は，組織学習のうち他組織が得た知識の獲得移転に着目するものであり，これに対応する個人の学習を分析する上で，他者との関わりという視点が不可欠だと考えるためである。

　しかし，実践コミュニティ参加を通じた学習を検討するには，その必要性等，学習の文脈全般を考慮すべきであろう。すなわち，実践コミュニティ参加以外の学習経験も広く考察する必要がある。以上から，実践コミュニティ及びその他の個人の学習に関して以下のリサーチクエスチョンを立てた。

RQ2-1：飛行方式設計者の学習においていかなる経験が有効か

RQ2-2：実践コミュニティは，飛行方式設計者の学習に対していかなる機能を果たしているのか

---

14 PBN については，コラム「PBN」（p. 4）参照のこと。

　なお本研究では，実践コミュニティのうち，組織間をつなぐ越境型実践コミュニティを中心に分析を行う。知識移転すなわち組織外部からの知識の取り込みにおいては，組織内部型コミュニティよりも越境型コミュニティの方が重要だと考えられるからである。

2.3.3. 実践コミュニティを通じた知識移転に関するリサーチクエスチョン

　本研究は，組織は個人による学習を通じて学習する（March, 1991；March & Olsen, 1976；Shrivastava, 1983；Simon, 1991）との立場を取っているが，個人の学習と組織学習の関係を分析した実証研究は少ないとされる（Tsang, 1997）。なお，Tsang（1997）は，個人の学習と組織学習の関係を検討した研究として Kim（1993）を挙げているが，当該研究は，ルーチン形成すなわち個人が獲得した知識の組織への統合に着目したものであり，個人による外部からの知識獲得段階に関する検討は課題として残されている。このため本研究は，組織による知識移転のみならず，個人の学習を分析し，組織学習の一形態である知識移転との関係について検討することをねらいとして掲げている。

　また，本研究は特に，個人の学習と知識移転の関係に関して検討する際，実践コミュニティに注目する。実践コミュニティは，先行研究において，個人の学習及び知識移転の双方に関連して言及されており，両研究領域をつなぐ鍵になると期待されるからである（図2.3 参照）。そして，実践コミュニティ活性化は，個人の学習と組織としての知識移転を促す重要な課題であると考えられる。このため，分析の最終的なゴールとして，実践コミュニティを活性化する要因に関して検討を行う。

　以上のねらいに基づき，実践コミュニティを通じた知識移転に関連して，以下のリサーチクエスチョンを立てた。

　　　RQ3：いかなる要因が実践コミュニティを活性化するのか

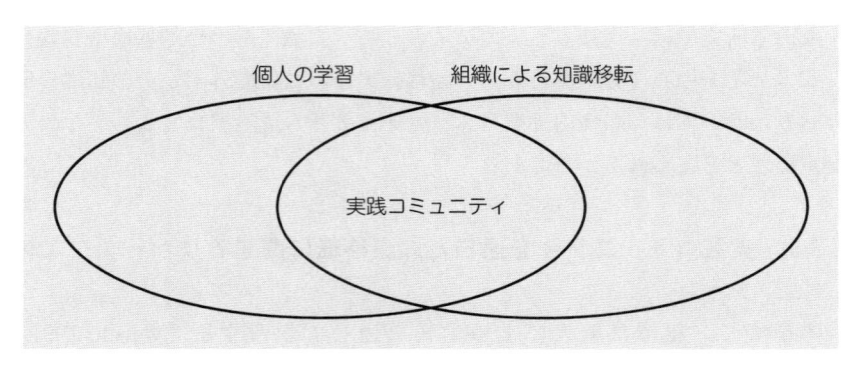

図 2.3 ● 個人の学習と知識移転の双方に関わるものとしての実践コミュニティ

　具体的には，先行研究が知識移転を促進すると述べている各要因が，実は実践コミュニティ活性化を促していることを示す。そして，当該各要因が実践コミュニティ活性化を通じて知識移転を促進している事実を示すことを目指す。

　以下，第3章にて研究方法を説明した上で，第4章以降にて上記のリサーチクエスチョンに対応して行った実証研究の結果等を示す。そのうち第4章は実践コミュニティ及び個人の学習に係る実証研究に関するものであり，RQ2-1 及び RQ2-2 に対応している。また，第5章は組織による知識移転に係る実証研究に関するものであり，RQ1-1 及び RQ1-2 に対応している。第6章は，実践コミュニティを通じた知識移転に係る定量研究であるが，この章は，RQ3 に対応するとともに，第4章及び第5章の発見事実を統合することをも意図している[15]。

---

15 第4章及び第5章にあっては，レビューの順序とは逆に，先に第4章にて個人の学習及び実践
　コミュニティに係る実証研究に関して述べ，次に，第5章にて組織間における知識移転に係る
　実証研究の結果を示すこととしている。これは，先に実践コミュニティに係る実証研究の結果
　を示した上で，その発見事実を，知識移転に係る実証研究において分析結果を考察する際に参
　照すべきだと考えたためである。

第3章 方法

　本章においては，次章以降の実証研究に適用した調査・分析方法について概説する。各方法の詳細や手続き，調査対象等については，各章中，各研究項目の方法に関して述べた箇所を参照されたい。

3.1. 概要

　本研究は，組織間の知識移転のメカニズムを明らかにすることを主目的と

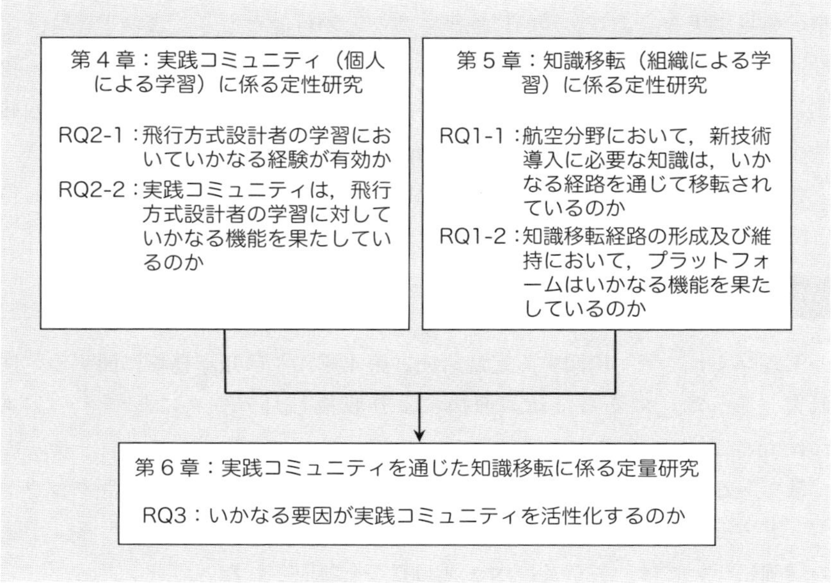

第4章：実践コミュニティ（個人による学習）に係る定性研究

RQ2-1：飛行方式設計者の学習においていかなる経験が有効か

RQ2-2：実践コミュニティは，飛行方式設計者の学習に対していかなる機能を果たしているのか

第5章：知識移転（組織による学習）に係る定性研究

RQ1-1：航空分野において，新技術導入に必要な知識は，いかなる経路を通じて移転されているのか

RQ1-2：知識移転経路の形成及び維持において，プラットフォームはいかなる機能を果たしているのか

第6章：実践コミュニティを通じた知識移転に係る定量研究

RQ3：いかなる要因が実践コミュニティを活性化するのか

図3.1 ● 研究項目間の関係及びリサーチクエスチョン

している。またこの主目的に関連し，個人の経験学習に関して分析した上で，個人の学習が知識移転に及ぼす影響について検討することとしている。特に，実践コミュニティこそが，個人の学習と知識移転をつなぐ鍵であると考えている。

このためにまず，実践コミュニティ（第4章）及び知識移転（第5章）に関して面接調査に基づく定性研究を行う。各章はそれぞれ，個人及び組織による学習に関して検討を行うものである。その上で，実践コミュニティを通じた知識移転に関して質問紙調査に基づく定量研究を行う（第6章）。すなわち第6章は，個人及び組織による学習をつなぐ要因としての実践コミュニティに着目し，その機能を定量的に検証しようとするものである。各研究項目の関係及びリサーチクエスチョンを図3.1に示す。

図に示されるように，第6章は，第4章及び第5章の成果を統合した考察を行い，第7章において結論を述べるための準備を行うものである。また，第6章において定量研究を行うことにより，定性研究である第4章及び第5章の発見事実を，より客観的に検証することが可能となる。このように，定性研究と定量研究を組み合わせる手法は，トライアンギュレーション（三角測量）あるいはミックス法ともよばれ，複数の視点からの分析を通じて客観性を高める研究方法とされている（Creswell, 2003）。

各章に適用した研究方法は，次節以降に示すとおりである。

3.2. 定性研究の方法（第4章及び第5章）

実践コミュニティに関する定性研究（第4章）及び知識移転に関する定性研究（第5章）にあっては，面接により収集したデータに基づき，GTA（grounded theory approach：グラウンデッド・セオリー・アプローチ）の一種であるM-GTA（modified grounded theory approach：修正版グラウンデッド・セオリー・アプローチ）（木下，2003）に準じて分析を行う。手法の詳細については，各章及び木下（2003）を参照されたい。

GTAは，心理学や社会学における質的研究に適用される分析手法の1つ

であり，1960 年代にグレイザーとストラウスによって提唱された（Glaser & Strauss, 1967）。現在 GTA には分析手順や重点の置き方等の異なる複数の種類が存在するが，これらのうち本研究では，木下による M-GTA に準じて分析を行うこととした[1]。

　研究手法として GTA（M-GTA を含む）を採用した理由は，GTA が理論の構築を志向した研究法であり（Glaser & Strauss, 1967），仮説探索型研究である第 4 章及び第 5 章の研究項目に適していると考えたためである。また，複数ある GTA の流派のうち M-GTA を採用することとした主な理由は第 1 に，分析手順を明瞭に示した文献（例えば，木下, 2003, 2007）が存在したためである。また第 2 に，他の種類の GTA と異なり「切片化」等の詳細な作業にこだわらないため，データの解釈により注力できると判断したためである。そして第 3 に，面接型調査に有効に活用できるとされているためである（木下, 2003）。

　経営学においても，多くの研究が GTA を採用している[2]。IT 技術者の熟達化に関する松尾（2006）の研究においては，GTA の手法を参考にして，面接データの分析が行われている[3]。知識移転に係る研究においても，Dyer & Nobeoka（2000）が，トヨタ社内の知識移転の仕組みを分析する上で，GTA の手法を活用している[4]。

　データは，主として航空分野の関係者に対する面接調査を通じて収集した。ただし，知識移転に関する定性研究にあっては，公表資料等によりこれを補い客観性を担保した。一方，実践コミュニティに係る定性研究にあっては資料調査を行っていないが，これは，分析の焦点が経験学習といった個人的事象であり，一般公開された資料からは必要なデータの収集が困難なためである。

1　各手法の詳細に関しては，例えば木下（2003），戈木クレイグヒル（2006）等を参照されたい。
2　M-GTA を適用した研究例に関しては，M-GTA 研究会ウェブサイト（URL: http://m-gta.jp/）参照のこと。
3　松尾（2006）は，Strauss と Corbin によるバージョンと参考にしたとされている。Strauss-Corbin 版による分析手法については，Strauss & Corbin（1998）及び戈木クレイグヒル（2006）を参照されたい。
4　Dyer & Nobeoka（2000）は，Glaser & Strauss（1967）を参照している。

3.3. 定量研究の方法（第6章）

　実践コミュニティを通じた知識移転に係る定量研究（第6章）にあっては，質問紙調査により収集したデータに基づき，共分散構造分析（SEM：structural equation modeling）を通じて分析を行った[5]。定量研究を行うのは，定量研究である第4章と第5章の結果と考察を，より客観的に検証するためである。

　また，共分散構造分析を適用するのは，当該手法が，複数の構成概念間の関係の全体像を把握するのに適していると考えたためである。このように，質問紙調査と共分散構造分析を組み合わせる手法は，知識移転研究において広く行われており（例えば，Simonin, 2004），信頼性の高い手法だといえる。

　なお，分析は，共分散構造分析専用ソフトウェアである「AMOS」を使用して行うこととした。

5　共分散構造分析は，多数の構成概念（変数）間の関係（因果関係等）を包括的に分析する統計的手法の一種である。例えば本研究では，「プラットフォームの公益性」，「副次的コミュニティ有効感」，「知識移転実感」等，7つの変数間の関係を，共分散構造分析により検討した（第6章参照）。

第4章 個人の学習と実践コミュニティ[1]

　本研究は組織間における知識移転を主題としているが，その際，個人による学習の分析を重要な課題と位置付けている。March（1991），March & Olsen（1976），Shrivastava（1983）及び Simon（1991）を踏襲し，組織学習は個人を通じてなされるとの立場を取っているためである。

　また，他者との関わりを通じた個人の学習機会を提供する場として実践コミュニティ（Lave & Wenger, 1991）があるが，同時に，実践コミュニティは，組織レベルでの知識移転（Roberts, 2006）やイノベーション（Brown & Duguid, 1991；Swan, Scarbrough & Robertson, 2002）においても重要な役割を果たす。

　本章においては，航空分野における個人の学習及び実践コミュニティに関して行った定性研究について述べるが，これは，リサーチクエスチョンRQ2-1（飛行方式設計者の学習においていかなる経験が有効か）及びRQ2-2（実践コミュニティは，飛行方式設計者の学習に対していかなる機能を果たしているのか）に対応している。なお，本章の考察結果は，後に第5章において論じる知識移転に関する実証研究の考察において参照する予定である。知識移転に関して，実践コミュニティとの関係の点からも考察を加えるためである。

4.1.　方法

　ここでは，面接により収集したデータに基づき，M-GTA（木下, 2003）

に準じて分析を行った。

　最初に，面接における質問項目やシナリオ，重点箇所等を明確化するため，予備調査としてのフリーディスカッションを行った（2009 年 12 月）。ディスカッションは，日本人中堅飛行方式設計者 4 名（設計経験約 5～10 年）及びファシリテーターとしての筆者により，日本語にて約 1 時間にわたり行われた。ここでは，本調査（面接）における質問と同様の内容について参加者に自由に語ってもらった。

　面接調査のインフォーマント（面接対象者）は，飛行方式の技術基準を検討する国際会議である IFPP[2] の参加者から選定した。これらの者は国や国際機関の推薦を受けており，分析に必要なデータを収集する上で十分な経験を積んでいるとみなすことができると考えたためである。選定にあたっては，十分な業務経験を持っていることを第 1 の条件としつつ，出身国や所属組織形態のバランスにも配慮した。最終的にインフォーマントの数は 6 名となった。以下，各インフォーマントを A 氏，B 氏，…，F 氏で表す。この 6 名というサンプル数は，調査開始時に設定されたものではなく，理論的飽和化（Glaser & Strauss, 1967），すなわちデータを見ていってもすでに生成した概念の確認となり，重要な概念が新たに生成されなくなった状態に至ったとの判断に基づいて，分析プロセス中に確定したものである。結果的にインフォーマントの出身地は欧米 5 ヶ国，その平均年齢は 51 歳，飛行方式設計関連業務の平均経験年数は 19 年であった。また，各人の所属組織の形態は国，公営企業，個人事業者であり，飛行方式設計業務従事以前の職種は，航空管制官，パイロット及びエンジニアであった。

　面接調査は，2009 年 12 月から 2010 年 3 月の間に行われた。面接は英語による半構造化面接の形をとり，主な質問を提示しつつ可能な限り自由に語ってもらった。また，分析の段階で新たに生じた疑問等についてはメールにて補足説明を求めた。主な質問項目は，①過去の経歴及び飛行方式設計への転身のきっかけ，②学習を促したと思われる職務経験とそこから得たも

2　IFPP については，コラム「IFPP」（p.71）参照。

コラム　**IFPP**

　IFPP（Instrument Flight Proedure Panel：飛行方式パネル）は，ICAO（International Civil Aviation Organization：国際民間航空機関）が主管する技術会合の1つであり，航空機の飛行経路（飛行方式）の設定に関する国際技術基準の検討を行っている。航空機の航法技術は日進月歩であり，新しく開発された技術をもって安全かつ効率的に飛行を行うための経路策定のために，日々新たな技術基準を策定する必要があるからである。IFPP は，飛行方式設計に係る技術的な検討を行い，作成した基準改定案等を上位委員会に勧告する。

　IFPP は約半年に1回開催され，その会期は通常2週間であり，その参加者は飛行方式設計または関連周辺分野の専門家である。関連周辺分野からは，パイロット，管制官に加え，航法システムや航法用データベース*等の専門家が参加している。参加者の所属組織は，国（監督機関），航空管制業務提供機関**，飛行方式設計機関，ICAO が認めた他の国際機関等である。

　毎回の参加者は約40名であり，そのうち「メンバー」（国または国際機関からの推薦を受けた専門家）が約15名，アドバイザー（「メンバー」に対する補助者）が約25名となっている。

　　注：*　機上ナビゲーションシステムに格納されるデータであって，航空機が目的地に向かって航行する上で必要となる様々な情報により構成されるもの。

　　　**　航空管制，航法援助施設（航空機による航法を支援するための機器・システム）の設置管理及びこれらに関連する業務を実施する機関。国の機関であることも，国により指定された企業（多くは私企業ではなく公団的性格を持つ組織）であることもある。

の，及び，③職場の内外で参加しているコミュニティとそこで得たもの，であった。面接の様子はインフォーマントの許可を得た上で IC レコーダーに録音し，同時に，面接時の雰囲気等についてメモをとった。面接は各人1時間を目安に実施したが，実際の所要時間は平均，中央値とも 58 分であった。

データの分析にあたっては，面接の音声データを文字化したトランスクリプトから，学習に関連する要素を抽出した。さらに，適宜 KJ 法（川喜田，1967）を用いつつ関連性の強い複数の要素を包括し，カテゴリー及びサブカテゴリーに集約した。分析は筆者単独で行った。前述のとおり F 氏までの分析を終えた時点で理論的飽和化に至ったと判断し，データ収集及び分析を完了した。

4.2. 結果：飛行方式設計者の学習と実践コミュニティ

4.2.1. 学習を促した経験

学習を促した経験として抽出された要素は，表 4.1 のとおり 4 つのカテゴリー，さらに 10 のサブカテゴリーに分類された[3]。

これらの経験のうち Off-JT（off-the-job training）は，座学や演習によって構成される訓練であり，職務遂行の前提となる基礎知識・スキルを獲得するためのものである。日常作業は，下働き，困難課題への段階的移行，設計上の試行錯誤といった経験により構成され，そこでは作業の反復を通じて下位スキルや知識がさらに蓄積・統合されていた。一方，未知への踏み出しに分類される経験を通じては，日常作業を通じて蓄積された知識の再確認がなされると同時に応用力が養われ，その結果，より高所的な判断が可能になるとともに，自らの仕事に対する自信が深められていた。組織内外のコミュニティでの交流を通じては，他者の経験やメンタルモデル等の知識を獲得し，特に上司からは仕事に対する姿勢を学ぶと同時に心理的な支援を受けていた。

これらの経験を，先行研究（McCall, Lombardo & Morrison, 1988；金井，2002；谷口, 2006）が抽出した経験種別と比較すると，下働きや試行錯誤等，スペシャリストとしての飛行方式設計者の性格を反映した経験が抽出されている一方，日常作業や未知への踏み出しのカテゴリーに含まれる諸経験には

---

3 これらの各経験はインタビューデータから抽出されたものである。具体的な発話内容に関しては，中西（2014a）付録 6 を参照されたい。

表4.1 ● 飛行方式設計者の学習を促した経験

カテゴリー	サブカテゴリー	説　明	学習内容及び得ているもの
Off–JT	訓練	職務遂行に必要な基礎的知識，スキルを習得するため，各種訓練に参加すること	・職務遂行に必須の基礎的知識，スキル
日常作業	下働き	雑用や下働きを通じ，下位スキルや周辺領域の知識を習得すること	・職務遂行に必要な基礎的知識，スキル ・下位スキルや周辺知識 ・正確な作業
	困難課題への段階的移行	最初はシンプルな仕事を担当し，徐々に複雑な仕事へと移行すること	
	設計上の試行錯誤	ある飛行方式について複数の案を作成し，また必要に応じて案を修正すること	
未知への踏み出し	困難な仕事	興味をもって困難な仕事に挑戦し，これを完遂すること	・周辺知識 ・既存知識の再構成 ・柔軟な知識運用 ・説明責任 ・高所的判断 ・自信
	異なる環境における仕事	普段と異なる環境下の仕事を通じて学習すること	
	独力での完遂	リソースが限られている環境において，自力で課題に対処し，完遂すること	
コミュニティにおける学習	組織内　職場学習	上司や同僚との共同作業を通じ，知識を共有すること。また，上司から技術上その他の指導や心理的な支援を受けること	・日常作業を通じて得た知識の応用 ・プロフェッショナルとしての姿勢 ・心理的支援
	組織外（越境型）　他組織との協働	他の業種，職種，分野との間との共同作業。利害調整や指針調整を含む	・周辺知識 ・自身の知識に関するフィードバック ・他者の知識，経験，メンタルモデル ・対人スキル ・貢献志向
	組織外（越境型）　会議体参加を通じた学習	会議体参加を通じて関連知識について学習し，同時に，知識開示を通じて他者の学習に寄与すること。公式コミュニティと，ここから派生する副次的コミュニティの双方における学習が存在する	

　全般的に共通点が多く，今回の分析結果の妥当性を示唆しているといえよう。特に，海外を含む異なる環境における仕事が学習を促すという結果は金井（2002）の主張と共通している。ただし，年代別・地位別にはデータを整

理していないため，谷口（2006）のような，重視する経験に関する役職別傾向という観点からの分析は行っていない。

　また，表4.1に掲げた経験種別のうち，訓練，下働き及び困難課題への段階的移行の各サブカテゴリーは，失敗が許容されうる軽微な作業から重責を伴う仕事へと徐々に移行する正統的周辺参加（Lave & Wenger, 1991）の特徴に合致している。さらに，試行錯誤を通じて基礎的技能を獲得し，同時に失敗に対する内省を経て知識体系を高度化するプロセスは，具体的経験，省察的内省，抽象的概念化及び積極的実験の4事象のスパイラルによって構成される経験学習モデル（Kolb, 1984）に共通するものである。

　一方，飛行方式設計者の経験において特徴的なのはコミュニティにおける他者との交流を通じた学習の重要性であり，全てのインフォーマントがこれを強調していた。この点は，McCall, Lombardo & Morrison（1988）等の先行研究において経営幹部や中間管理職が具体的な業務上の課題や困難を重視していた点と異なる一方で，石山（2011）が抽出した，組織内専門人材による人的ネットワークを通じた能力開発志向の意識を支持するものである。このため以下では，飛行方式設計者の学習を特徴付けるものとして，コミュニティにおける学習に関してより詳細に検討する。

4.2.2.　コミュニティにおける学習

　飛行方式設計分野においてコミュニティにおける学習が重要となる理由に関しては，インタビューを通じて以下の2点が明らかになった。第1に，調査前から予想されていたことではあるが，少人数の職場における職場学習の限界である。少人数オフィスでの業務は多様な知識や経験を伝え合う上で不足する部分があり，他の何かによって補う必要があると，D氏らは指摘していた。第2に，必要とされる知識の範囲が広く，また，入手困難なものもある点である。一方，必要な知識を組織外の他者が持っていることもあり，インフォーマントは，下記F氏のように他者の経験や知識を有効活用していた[4]。

4　本研究においては，日本語に加え英語による面接調査を行っているが，英語による発話データについては筆者訳出の和訳を示している。

【F 氏】　私にとって IFPP は非常に重要です。問題に直面したときに，解決策すなわち他国での解決事例を知ることのできる場です。私の課題の多くは他国の課題でもあります。ある国に課題があれば，それは私の国においても 1〜2 年のうちに課題となる可能性が高いのです。

　また，飛行方式設計者は，業務上他職種の専門家が持つ暗黙知も活用しなければならない。例えば飛行方式の飛びやすさについてはパイロットらの評価に頼らざるをえないが，このような場合にインフォーマントは，適宜他職種の意見を参照していた。

　このようなコミュニティにおける学習は，職場学習，他組織との協働，そして会議体参加を通じた学習に分類された。以下，これらの特徴について記す。

(1) 職場学習

　同僚や上司との交流を通した職場学習は，Off-JT とともに基礎的知識を獲得する最も基本的な機会であり，ここでは基礎訓練では得られなかった知識が獲得されていた。また上司からは，プロフェッショナルとしての姿勢についても指導がなされていたが，その様子を F 氏は以下のとおり語っていた。

【F 氏】　上司はよく私に，「君は私の軌跡をなぞるのではなく，君自身の道を切り開くべきだ」といっていました。彼は私に，そのような姿勢も身に付けさせたいと考えていました。そして，私がよき飛行方式設計者になることを望んでいました。単に設計作業をこなすだけでなく，幅広い視野と見識を持つ設計者にです。

(2) 他組織との協働

　飛行方式設計者は航空会社や管制機関といった外部組織との間で様々な調整や共同意思決定を行わなければならないが，このような協働も重要な学習機会となっていた。ここでは第 1 に，新しい知識を獲得していた。例えば航空会社からは，航空機の性能や機上システム等についての知識を得ていた。

第2に，協働を通じて既存知識の再確認が行われていた。Ｆ氏は，ある途上国でのプロジェクトにおいて背景知識の異なる相手に技術的説明を行った経験を通じて，自身の知識の正確性・妥当性を確認していた。なお，このような協働は，飛行方式設計者だけではなく，協働相手にとっても，協同学習の機会として寄与していた。このような事例として，Ｅ氏は，監督機関[5]に対する許可申請における経験について語っていた。

> 【Ｅ氏】　空港によっては，基準通りには経路を作れないことがあります。最終的には監督機関が判断を下すのですが，私はまず，こうすれば理にかなうという案を作り，監督機関に説明して承認を求めます。その後両者で協議し，先方が疑問に感じることがあればそれに答える形で，一緒になって最終的な解を求めてゆくのです。

(3) 会議体参加を通じた学習

　全てのインフォーマントが，会議体参加を通じた学習を最重視していた。会議体参加を通じて，職場等では入手困難な情報や他者の経験に接することができるためである。このような会議体として，国や地域レベルの政策・方針検討会議，技術基準開発のための作業部会等が含まれていたが，特に全てのインフォーマントが，IFPP[6]を最重視していた。このため以下では，IFPP参加を通じた学習について詳述する。

　表4.1にも示したとおりIFPPに関連しては，会議そのもの，すなわち公式コミュニティと，会議参加を通じて形成される副次的コミュニティの2種類の実践コミュニティが存在し，それぞれ異なる学習が生じていた。そこで，表4.2のとおり両コミュニティの特徴を整理した。ただし両者における学習内容には重複部分もあり，また，表の最下部にもあるとおり，両者は相互作用を通した互恵的関係にあった。

　表の右欄に掲げた非公式コミュニケーションの場を1つのコミュニティとみなしたのは，その当事者たちが飛行方式設計という共通のスキルと当該職

5　航空管制業務提供機関や運航者の活動を監督する国の機関。
6　IFPPについてはコラム「IFPP」(p.71) 参照。

表 4.2 ● IFPP における 2 種類の実践コミュニティと学習

	公式コミュニティ	副次的コミュニティ
コミュニティの種別	・協働型コミュニティ	・勉強会型コミュニティ
目的	・技術基準の開発	・成員個人の学習
主な学習内容	・公開情報（国際基準等）の背景論理，根拠，将来動向等	・他者の経験，知識（過去における問題解決事例等） ・自論（解釈，アイディア等）の妥当性確認 ・他業種の動向
雰囲気	・公的な雰囲気	・自由な雰囲気
コミュニケーションの内容	・公式目標に沿った内容に限定	・公式の場で扱われない内容を幅広く網羅
互恵的関係を構成する相互作用	・副次的コミュニティに対して，議論の材料及び集合の場や機会を提供	・公式コミュニティに対して，新規議題のアイディアや課題解決のヒントを提供 ・公式コミュニティに対する帰属意識を向上

務への強いコミットメントを通じて強く結びついており，「比較的長期間にわたって実践を共有し，相互的に結び付いた人々の集団」という本研究の実践コミュニティの定義を満たすと考えたためである。また，このようなコミュニケーションは，その場限りの断片的な交流ではなく，数年単位以上の期間を通じて持続するものであることから，流動性を特徴とするノットワーキング（山住・エンゲストローム，2008）ではなく，実践コミュニティとしての視点から分析することが妥当である。そこでの様子を E 氏のコメントより引用する。

【E 氏】　それ（運航者やパイロットと話すこと）[7]はとても重要です。そしてこれが IFPP に参加する理由にもなっています。自分の国で仕事しているだけでは不十分です。他の人の仕事について十分に理解しなければならないのです。なぜなら，私の経験は，あくまで私が経験したものに過ぎないからです。〈中略〉私にとって IFPP は重要で，離れたくないのです。〈中略〉私が IFPP に来るのは，その一部となって手伝いたいからです。私の国の声を伝えたい

7　本研究に示す発話データ中，（　）内は，指示語の内容を示す等の目的で筆者が付け加えた語句を示す。

のです。なぜなら，私たちは，他の国と異なる考えや経験を持っているからです。ですから，協力して，皆にとってよりよくなるようにしてゆきたいのです。あなたにとっても私にとっても。

　以下では，上記2種類のコミュニティにおける学習の特徴について述べる。まず，公式コミュニティにおける学習とは，IFPPそのものでの議論を通じた知識の獲得である。インフォーマントは，会議体本来の活動すなわち技術基準案作成への参加を通じて，飛行方式設計に関する国際基準の背景論理，根拠等に関する知識を得ていた。また，新技術の将来動向を知る場としても活用されていた。

　一方，副次的コミュニティにおける学習では，会議の趣旨から外れるといった理由や時間的制約から公式コミュニティで扱われない情報が幅広く扱われていた。例えばE氏は，自国が導入しようとしている新技術について，他国の先行事例に関する知識を得ていた。その他，他業種が保有する技術情報も交換されていた。特に航空機メーカーのような業種は世界に数社しかなく，自国における業務だけでは接点を見つけるのが困難である。このため，A氏が述べているとおり国際会議を通じて形成される副次的コミュニティが重宝されていた。

　　【A氏】　私にとってZ氏のような人物との関係は重要です。Z氏は航空機運航の仕組みについて私が知らないことを教えてくれます。私は小型機の操縦については知っていますが，大型機についてはあまり知らないので。エアバス機についてはY氏にも聞きます。プロペラ機については別の人，測地学についてはまた別の人に聞きます。ネットワークは重要です。

　このように幅広い領域に関する知識が獲得可能となっている背景には，IFPP参加者のバックグラウンドが多様であることに加え，参加者が必ずしも固定されておらず境界が比較的オープンであることも影響していると考えられる。

　さらに，「無知と思われたくない」，「今さら聞けない」というような感情から会議中は話せない内容や，大人数の前では回答者が話しづらい話題も，

副次的コミュニティでのインフォーマルな対話において扱われていた。

　同時に，インフォーマントらは，情報収集だけではなく他者への知識開示にも積極的であった。副次的コミュニティにおける学習は，下記のD氏のような姿勢に支えられていた。

　【D氏】　設計者は自らの持つ知識の開示に積極的であるべきです。なぜなら，設計者は先達からの知識を必要とするのですから。皆が開示的になれば，自分で全ての知識を保有しなくても，他者の知識や経験を活用することを通じて皆が熟達者となることができるのです。

　上記D氏のようなコメントが多くのインフォーマントから発せられていることから，IFPPにおいては相互貢献の文化が定着していると考えられる。このように知識開示に積極的になれる理由についてD氏は，IFPPが商業的活動でない点を挙げていた。

　【D氏】　私は国連専門機関が主管するその他の会合，例えば［A会議］[8]にも出席しています。しかしそれは，よりビジネスライクな場です。一方，飛行方式設計はこれまでさほど商業的な活動ではなく，より純粋に技術的な活動でした。このため，技術的な対立はあっても営利的な対立はなかったのです。

　なお，「A会議」（仮称）は，航空機の航法システムや通信システム及びこれらを支援する地上・衛星インフラの国際標準（技術規格）を検討する会議体である。A会議も，IFPPと同様，ICAOが主管している。ここで，IFPPのいかなる特徴が学習の場としての機能を促しているかを検討するため，その特徴を，表4.3のとおりA会議と比較する形で整理した。

　A会議には，各国当局の専門家に加え，機器・システム製造業者が参加している。A会議においては，これら製造業者間で激しい規格争いが繰り広げられている。他の工業製品と同様，自社規格が国際標準となった場合，市場において強い優位性を得ることができるからである。D氏によれば，こ

8　発話データ中，［　］内は匿名性担保のために筆者が言い換えた箇所を示す。

表 4.3 ● IFPP と A 会議

	IFPP	A 会議
目的	・飛行方式設計のための国際技術基準の検討	・航空機の航法・通信・監視に係る機上システム及び地上・衛星インフラの国際技術規格の検討
主な参加者の所属組織	・各国監督機関 ・飛行方式設計機関 ・ユーザー（パイロット等）の団体	・各国監督機関 ・航空管制業務提供機関 ・機器・システム製造業者 ・ユーザー（パイロット等）の団体
参加者所属組織間の競合度	・比較的低い	・高い
参加者間の関係性	・非公式な交流が活発	・製造業者間での非公式な交流は活発でない

のような背景から，A 会議はビジネスライクな雰囲気に支配され，インフォーマルな交流は生まれにくいという。一方，すでに述べてきたとおり，IFPP においては，参加者間の非公式な交流が活発であり，知識も出し惜しみなく提供されている。すなわち，IFPP においては副次的コミュニティが活発である。

　このように A 会議と比較してみると，IFPP においては，飛行方式設計が商業的活動ではないという環境要因が，副次的コミュニティの成立と活性化を促し，成員間の友好的な関係構築と密な交流を可能にしていると考えられる。IFPP 参加者の所属組織の多くは国や地域を独占的に管轄する国家当局や公社であり，組織同士が共通市場で競合するケースは少ないのである。

　一方，飛行方式設計分野において副次的コミュニティにおける学習が重要となる理由として，D 氏は，職場学習の限界を挙げている。

　【D 氏】（IFPP では，知識の）交換が生じています。皆それぞれ自分の視点と経験を持っています。設計者が 1 人か 2 人しかいないような職場では，進歩するのは難しい。たとえ研修に参加したとしてもです。経験者と新参者が交われば，その経験を活かせます。一緒に議論して，それが役に立つときがある。人によって異なる視点を持っている。これが進歩と知識を生み，経験を作るのです。

異なる経験から得た知識の交換の必要性は，E 氏も強調している。

【E 氏】　私が学んだのは，他の人の経験です。[A 国] の経験，[B 国] の経験，[C 国] の経験は，自分自身の経験と異なる。(IFPP のような) 場に来て，問題を話し合い，自分が学んだことを人に提供する。そうすることによって，自分だけではなく皆がよくなるのです。

このように，副次的コミュニティは，各インフォーマントにとって，他では獲得困難な知識を得ることのできる重要な学習の場となっていたのである。

さらに前述の E 氏のコメントに見られるように，インフォーマントらはいずれも IFPP に対して強い帰属意識を示していたが，その源泉は，副次的コミュニティ参加を通じた学習の有効感と，他の参加者との緊密感にあると考えられる。

4.3.　考察

本章では，飛行方式設計者の学習を促す経験について，実践コミュニティにおける学習を中心に分析を行った。その結果抽出された経験の類型は，基本的に McCall, Lombardo & Morrison（1988）等の先行研究の結果と共通している一方で，特に越境型コミュニティを通じた知識獲得の重要性が際立っていた。また，公式コミュニティから派生した副次的コミュニティの存在を明らかにし，これと元の公式コミュニティとの間の互恵的関係を明らかにするとともに，副次的コミュニティ活性化を促す環境要因を抽出した。本節においては，上記分析結果に基づいて越境型コミュニティを通じた学習全般の特徴について整理し，次に，副次的コミュニティの特徴と意義，そしてその活性化条件について考察する。

4.3.1.　越境型コミュニティを通じた知識獲得の特徴

越境型コミュニティ参加を通じた学習に関する先行研究は，コミュニティ

新参者による十全性獲得やアイデンティティ形成プロセスを検討するものか（例えば高木, 1999），あるいは個人の知識獲得について検討するもののいずれかに分類可能である。これらのうち前者，すなわち十全性獲得やアイデンティティ形成プロセスに関しては，データ分析結果から，越境に伴うアイデンティティ形成上の問題（高木, 1999）の解決に向けたヒントを得ることはできなかった。

　一方，後者にあたる実証研究が少ない（荒木, 2008）とされる中で，越境型コミュニティを通じて獲得される知識の傾向の一部が明らかになった。すなわち越境型コミュニティ参加を通じて，組織内のみにおいては入手困難な周辺知識が獲得されるとともに，他組織の成員の知識，経験，メンタルモデルに対する理解が促進され，対人スキルが形成されていることを発見した（表4.1）。能力開発における人的ネットワーク活用の重要性そのものについては石山（2011）も指摘しているが，本研究は，ネットワーク活用の必要性の理由を具体的に明示したという点において，定量研究である石山（2011）が残した課題を補完するものといえる。

4.3.2.　副次的コミュニティの特徴と機能

　副次的コミュニティは，Wenger, McDermott & Snyder（2002）の分類に従えば非公式コミュニティに分類される。また，その形成目的は知識共有であり，表2.4における勉強会型コミュニティに分類される。なお，派生元の公式コミュニティすなわち IFPP は，議論を通じた技術基準開発を目的として設置されており，協働型コミュニティに分類される。

　副次的コミュニティには以下のような特徴がある。

　第1に，公式コミュニティにはなじまないような情報を扱う機能を持っている。この点は非公式コミュニティに関する先行研究の結果と共通している。例えば Geiger & Turley（2005）は，営業チーム内での非公式な顧客情報の交換において公式の場では扱えない顧客情報（性格，評判等）が扱われている点を指摘し，この種の情報をオフレコ（off the record）（p. 64）情報とよんでいるが，今回抽出された副次的コミュニティにおいても，自論の妥

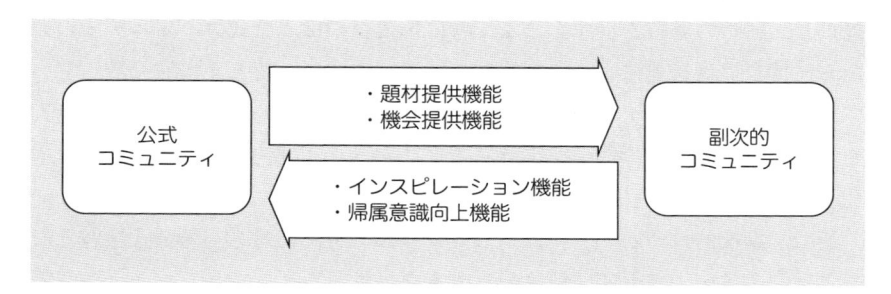

図4.1 ● 公式コミュニティと副次的コミュニティの間の互恵的関係

当性確認等のオフレコ情報が扱われていた。

　第2に，図4.1に示したとおり，副次的コミュニティは，公式コミュニティとの間で互恵的関係にある。

　ここで公式コミュニティは，副次的コミュニティに対して，議論の材料となるような情報を提供する題材提供機能，及び，成員集合のための機会提供機能を果たしている。まず，題材提供機能に関しては，実践コミュニティとしての共通の関心である公式会議の議題が，副次的コミュニティにおける議論の端緒となるのは自然であろう。下記K氏のコメントは，副次的コミュニティにおいて，会議の議題が話題となっている状況を示している。

　【K氏】　コーヒーブレイク中，私たちはテーブルを囲んでリラックスしていましたが，そのとき，［会議参加者名］と他の者の間で，意見交換を行っていました。それが問題に決着をつけるのに役立ったのです。〈中略〉会議中では，その議題について1時間以上もかけて議論した（しかも決着が付かなかった）のに，そこではたったの15分で，それは休憩時間が15分しかなかったからでもありますが，報告書に書けるような結論に至ったのです[9]。

　また，次章（5.2.4項）におけるJ氏のコメントに示されるとおり，機会提供機能は，個々の行為者レベルにおいても，行為者相互が接触する機会を

9　本データは，知識移転に関する定性研究（第5章）のための面接時に得たものであり，K氏は，当該研究のためのインフォーマントである。しかしながら，実践コミュニティに関する考察を支持する内容が得られたため，ここで引用する。

提供し，紐帯の維持を促す。ここで特に重要なのは，公式コミュニティのもたらす機会提供機能により，副次的コミュニティは，たとえ広域分散していても，公式コミュニティ開催機会の活用を通じて追加的な費用や時間の投入なく集合可能となっている点である。このように機会提供機能は，荒木（2008）の重視する越境学習の機会拡大をもたらすものである。

逆に，副次的コミュニティは，公式コミュニティに対して，公式議題となるようなアイディアや問題解決のヒントを提供するインスピレーション機能を果たしていると考えられる。上記 K 氏のコメントは，会議参加者間のインフォーマルな会話が，会議の課題解決に貢献した経験を語ったものでもある。副次的コミュニティがインスピレーション機能を持つ理由はいくつか考えられる。第1に，K 氏が感じているようなリラックスした雰囲気が，自由な議論と思考を促すと考えられる。ブレインストーミングが様々なアイディアの湧出を促すのと同様である。自信のなさから会議の場では声を上げることのできなかった参加者が休憩中に重要な情報を提供するということもあろうし，会議場の中よりも参加者間の心理的距離が縮まり，ラポール（緊密さ）が形成されることも考えられる。第2に，公式の場で扱えないオフレコ情報（Geiger & Turley, 2005）が課題解決のヒントを提供していることも考えられる。課題解決の手がかりとなる可能性を秘めつつ公式の場では表明されにくいような重要情報（Powell, 1990）も，副次的コミュニティでは口にしやすいのである。

また，インフォーマントは，知識を獲得するだけでなく，知識提供等を通じた貢献にも積極的であった。例えば E 氏は，IFPP 参加者の1人として会議の活動に貢献し，他の参加者の役に立ちたいと述べていた。そしてこの E 氏のコメントに見られるように，インフォーマントは，他の参加者とのインフォーマルな交流の結果として，コミュニティの母体である会議体に対して強い帰属意識を抱くようになる。すなわち，副次的コミュニティが活性化すると公式コミュニティへの帰属意識も高まる。言い換えると，副次的コミュニティは公式コミュニティに対する帰属意識向上機能を果たしている。このように，副次的コミュニティの活性化は元の公式コミュニティの活性化にも

プラスに作用するのである。実際，インフォーマントらは，IFPP に対して単に貴重な知識が入手できるといった用具的な価値を見出すのではなく，IFPP を自らの所属先のようなものとして，さらには自らのアイデンティティの一部として捉えていた。

　このような，題材提供機能，機会提供機能，インスピレーション機能及び帰属意識向上機能を通じて形成される公式コミュニティと副次的コミュニティの間の互恵的関係は，単体の実践コミュニティには見られないものである。

　一方，実践コミュニティの持つ複合構造や多層性に関しては，これまで複数の先行研究により検討がなされてきた。例として，二重編み構造（McDermott, 1999）及び隙間実践コミュニティ（Wenger, 1990）を挙げることができる。図 4.2 は，これらの概念と副次的コミュニティの相違を公式組織との関係の観点から比較し図示したものである。

　これらのうち，二重編み構造（McDermott, 1999）は，複数の独立したチーム間を横断する実践コミュニティの特性を示している。McDermott（1999）は，二重編み構造を持つ実践コミュニティを，公式組織に対して一方通行的に作用する存在として位置付けている。また，隙間実践コミュニティ（Wenger, 1990）は，公式ルーチンに従わない等，公式組織に反発する存在として検討されてきたものである。

　これら，二重編み構造や隙間実践コミュニティは，公式組織と非公式実践コミュニティの間の関係を端的に示している。しかしながら，公式組織と非公式コミュニティの関係性はこれらに限らないと考えられる。その１つが，公私それぞれの集団が互恵的に作用しあうという関係である。本研究は副次的コミュニティの概念を導入し，これを，公式コミュニティとは目的を異にしつつ利益を共有する別のコミュニティとして扱ったが，これにより，公私双方の場の間に存在するインタラクティブな互恵的関係を可視化したのである。

4.3.3.　副次的コミュニティ活性化のための条件

　副次的コミュニティは全ての公式コミュニティに付随しているわけではな

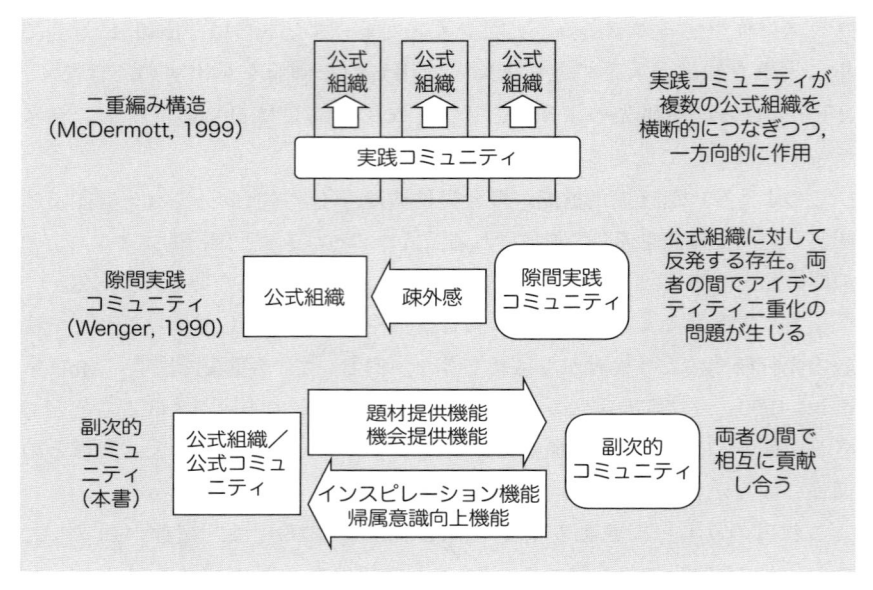

図4.2 ● 公式組織と実践コミュニティの関係の比較

い。また，副次的コミュニティとよべるようなコミュニティが存在したとして
も，必ずしもこれが活性化しているとは限らない。例えばD氏が語って
いたとおり，ICAOが主管する別の専門家会合であるA会議の場合，成員
間の関係はIFPPほどには友好的なものではなく，また，交流も密ではない
ようである。そこで本項では，越境型副次的コミュニティを活性化するため
の条件について，先行研究と比較しつつ考察する。

　第2章の2.2.8項においてレビューしたとおり，一般に，知識共有という
明確な目的を持つ勉強会型コミュニティの場合，その活性化のためにある程
度直接介入することが可能である。例えばラッチェム（2002）は，公的支
援，リーダーシップ，事業計画，目標，インフラを，また，McDermott
（1999）は，重要トピックへの注力，既存ネットワークの活用，コーディ
ネーターとコアグループの指定，公式マネジメントによる支援等を，実践コ
ミュニティ活性化の条件として挙げている。一方，協働を通じた課題遂行を

第1の目的とする協働型コミュニティの場合，その活性化要因は直接介入困難なものが多い。具体的には，成員間の緊密感（Wenger, McDermott & Snyder, 2002），共通言語，参照枠及び帰属意識（Geiger & Turley, 2005）等である。また，これら双方のコミュニティに共通の活性化条件としては，即座の見返りを期待しない知識提供関係すなわち「贈答的連結」（古澤, 2008；吉田, 2008）が挙げられる。

　副次的コミュニティも，その活発さが元の公式コミュニティの制度的側面や活発さに支えられているという点や，贈答的連結に相当する相互貢献の文化が見られるという点で，先行研究の発見事実を支持している。ただし，いずれの先行研究も，主としてコミュニティ内部の要因について論じているのであって，いかなる環境下でこれらの条件が満たされるのかという点について十分に論じているとはいえない。

　一方，すでに述べたとおり本研究は，越境型副次的コミュニティを活性化させる環境要因として，当事者間の利益が競合しない産業構造の存在を明らかにした。利益の競合しない産業構造が知識開示を促すという命題は，逆の事例，すなわち関係者間の利益が競合するような会議体では知識開示が活発でないというD氏のコメントによっても支持されている。なおここで，知識開示が自らの利益に負の影響を与えないのみならず，正の影響をも与えうるという航空業界の特性についても言及しておきたい。実際，ある航空機事故が当事者以外を含めた航空輸送需要全体の減少を招くように，他者の失敗が自らの損失につながる。ゆえに，自らの利益のためには，他者の学習とこれに伴う能力向上も有効なのである。さらに，面接中頻繁に安全について言及されていた点を考慮すれば，飛行方式設計が安全という公共の利益に直結する領域であるという環境要因も副次的コミュニティの活性化を促している可能性がある。要約すれば，越境型副次的コミュニティが活性化する上で，知識開示が自らの利益を損なわない産業構造と，公共の利益にかなうテーマを扱う領域であるといった環境要因が重要だといえる。

　また，これらの環境要因は，過去に実践コミュニティ活性化条件として挙げられてきた諸条件がいかなる環境下において満足されるかを明らかにした

ものであるといえる。すなわち，知識開示が自らの利益を損なわない産業構造及び公益性は，成員の緊密感（Wenger, McDermott & Snyder, 2002）や贈答的連結（吉田，2008）を醸成し，また，共通言語，参照枠及び帰属意識（Geiger & Turley, 2005）の形成を促すことを通じて，実践コミュニティ活性化に寄与すると考えられるのである。このように，上記環境要因の発見は，先行研究の発見事実を補完するものでもある。

　なお，上記の条件は副次的コミュニティ以外のコミュニティにも一部適用可能と考えられる。例えば教師の授業改善コミュニティ（牧野・福田，2005）は，学校間の利益が競合するケースは少ない，教育の質の向上は公共の利益とみなされやすいといった点で，上記条件をある程度満足しているといえよう。

4.4. まとめ

　本章では，飛行方式設計者の学習を促した経験を抽出し，また，会議体参加を通じた学習，特に，会議体に付随する副次的コミュニティにおける学習の重要性を明らかにした。

　理論的貢献として，第1に，越境型コミュニティを通じた個人の学習の内容を具体的に明示した点が挙げられる。第2に，副次的コミュニティの概念を提案した点が挙げられる。本研究は，元のコミュニティとは目的の異なる副次的コミュニティの存在を確認し，両コミュニティが相互に果たしている4つの機能を抽出し，公式の場と非公式の場の間の互恵的関係をより鮮明に可視化した。この互恵的関係は先行研究にない新たな発見である。第3に，実践コミュニティ活性化の条件を環境要因の観点から考察した。すなわち，越境型副次的コミュニティが活性化する上で，知識開示が自らの利益を損なわない産業構造と，公共の利益にかなうテーマを扱う領域であるといった環境要因が重要なのである。これは，過去に実践コミュニティ活性化条件として挙げられてきた諸条件がいかなる環境下において満足されるかを説明するものであり，先行研究の主張を補完するものである。

　上記発見事実から，以下のような実践的含意すなわち組織運営実務へのサジェスチョンが得られる。すなわち，経営者は，副次的コミュニティの有効性を認識し，成員の学習機会としてこれを活用し，同時に，その有効活用を通じて公式コミュニティを活性化すべきである。業務を離れて研修等に参加することは受講費用に加え業務中断というコスト負担を要するが，副次的コミュニティ参加を通じた学習は，公式コミュニティに付随するというその本質ゆえに，追加的負担が少なくて済む。しかも，他組織において共通の課題を抱える者や，隣接業種にてそのような課題の解決に取り組む者との接点を得る可能性が高く，学習効果も高い。すなわち，日常業務では接することの困難な周辺知識の獲得や，他者からのフィードバックを通じた自論の確認も可能となるのである（表4.1参照）。

　なお，本章で得た知見は，航空分野に限らず，越境学習が重要となるような他の職種にも共通すると考えられる。例えば，組織内専門人材（石山，2011）は，その能力開発において外部ネットワークの活用を重視するとされ，飛行方式設計者との間で共通するものがある。飛行方式設計者という一見特殊な専門家に関する研究の成果も，ボーダーレスな現代社会においては相当程度一般化が可能であろう。

　しかしながら，本章の発見事実，特に，様々な要因が実践コミュニティ活性化に及ぼす影響については，定量分析を通じてより客観的に検討すべきである。また，6名というインフォーマント数上の限界を補うためにも，別の形で検証が必要である。このため第6章において，このような実践コミュニティ活性化の条件に関して定量的に分析することとしている。

第5章 組織間における知識移転[1]

　本章は，航空分野における組織間での知識移転を定性的に分析したものであり，RQ1-1（航空分野において，新技術導入に必要な知識は，いかなる経路を通じて移転されているのか）及びRQ1-2（知識移転経路の形成及び維持において，プラットフォームはいかなる機能を果たしているのか）に対応している。これらのうちRQ1-2は知識移転におけるプラットフォームの機能に焦点を当てているが，これは，知識移転の経路となる紐帯の形成・存続に対してプラットフォームが果たす機能に関して，さらなる検討が必要だと考えられたためである。

　さらに本章においては，実践コミュニティが知識移転を促す（Roberts, 2006）との立場から，知識移転において実践コミュニティが果たす役割についても考察する。その際，先に第4章にて示した実践コミュニティに係る考察結果と発見事実を参照し，本章の考察結果と統合する形で議論を進める。

5.1. 方法

　本章では，各組織におけるPBN（性能準拠型航法）[2]導入に係る知識移転の事例に関するデータを収集し，その分析を行った。主たるデータとしては面接データを適用し，第4章同様，M-GTA（修正版グラウンデッド・セオリー・アプローチ）（木下，2003）に準じてこれを分析した。また，公文書の収集等を通じてこれを補完した。主な収集資料は表5.1のとおりである。

1　本章の内容は中西（2014b）に基づく。
2　PBNに関しては，コラム「PBN」（p.4）参照。

　公開資料は，各国における PBN 導入時期や，その展開状況を知る上で有用である。しかしながら公開資料からは，各国がいかなる方法によって知識

表 5.1 ● PBN の普及に関して参照した主な資料

資料名等	説明	備考
ICAO *1 Performance-based Navigation（PBN）Manual（Doc 9613）（ICAO, 2013）	各国による PBN 導入のための指針を示した技術マニュアル	PBN 導入のために各種ステークホルダーが行うべき活動，必要なノウハウ等が示されている。
ICAO Assembly Resolutions in Force（as of 8 October 2010 ）（Doc 9958）（ICAO, 2010b）	第 37 回 ICAO 総会（2010 年開催）決議集	PBN 導入推進に向けた決議を含む。
ICAO Performance Based Navigation Programme Website *2（ICAO, 2012）	PBN 普及のための ICAO 公式サイト（ICAO 本部による管理）	e ラーニング教材，各国導入状況一覧データ等を含む。
ICAO Asia and Pacific Office Website *3（ICAO APAC Office, 2013）	ICAO アジア太平洋地域事務所公式サイト（ICAO アジア太平洋地域事務所による管理）	同事務所が開催する各種研修・会議体に係る開催スケジュール等を掲載。
EUROCONTROL Navigation Domain Website *4	PBN 普及のための EURO-CONTROL（欧州航空安全機関）公式ウェブサイト	技術文書及び PBN 導入に有用な各種ツールがダウンロード可能 *5。
RNAV ロードマップ（RNAV/ATM 推進協議会, 2008）	PBN 導入・展開に関する日本の基本計画	日本における PBN 導入経緯等を含む。
航空路誌（AIP：aeronautical information publication）（国土交通省航空局）	国際民間航空条約に基づき，ICAO 加盟各国が発行する刊行物	PBN を含む飛行経路が公示されており，PBN 導入状況に関する情報源として活用。
長岡（2010）	RNAV 及び PBN 概念に関する一般向け説明	PBN 概念の開発に至るまでの経緯等を解説。
中西（2013a）	パイロット等に対して PBN 概念や PBN に基づく飛行手順を説明する教科書	PBN 概念開発経緯，日本における RNAV 導入経緯等を解説。

注：*1　ICAO：International Civil Aviation Organization（国際民間航空機関）
　　*2　<URL>http://www.icao.int/safety/pbn/, accessed 2013.12.15
　　*3　<URL>http://www.bangkok.icao.int/, accessed 2013.06.07
　　*4　<URL>http://www.eurocontrol.int/navigation/pbn, accessed 2013.10.13
　　*5　2013 年 10 月 13 日の時点において，ツール・ダウンロード機能は削除されていた。

を獲得したのか，あるいはその際どのようなプラットフォームが活用された
かといった，本研究のリサーチクエスチョンに対応する情報を得ることは困
難である。これらの情報はむしろ，当事者から直接聞き取る方が容易かつ正
確である。この点が，データ収集において公開資料よりも面接データを重視
した理由である。

　面接調査のインフォーマント（面接対象者）は，PBN に係る知識移転の
枠組みを広く網羅できるよう選定した。組織種別としては，非営利組織であ
る航空管制業務提供機関，監督機関，国際機関に加え，民間営利企業である

表 5.2 ● インフォーマント一覧（知識移転に係る定性研究）

番号	組織種別	インフォーマントの役割	備考
G 氏	監督機関（政府機関）	PBN 導入計画立案・実施	被援助国
H 氏	監督機関（政府機関）	PBN 導入計画立案・実施	被援助国
I 氏	航空管制業務提供機関（政府機関）	飛行方式設計部門のマネジメント	被援助国
J 氏	地域国際機関	技術基準の開発	IFPP注 参加（10 年以上）
K 氏	航空管制業務提供機関（公団）	飛行方式設計	中堅国。IFPP 参加（1 年）
L 氏	国連専門機関	技術基準の開発（事務局）	IFPP 事務局
M 氏	航空管制業務提供機関（政府機関）	飛行方式設計	先進国。IFPP 参加（10 年以上）
N 氏	航空管制業務提供機関兼監督機関（政府機関）	PBN 導入計画立案・実施	先進国。IFPP 参加（PBN 業務従事時までに約 5 年参加）
O 氏	航空会社	監督機関への航行許可取得申請，社内における知識展開	大手航空会社。関連分野の経験約 15 年
P 氏	航空会社	監督機関への航行許可取得申請，社内における知識展開	新興航空会社。関連分野の経験約 6 年
Q 氏〜T 氏	一般航空	監督機関への航行許可取得申請，社内における知識展開	先方の希望により，4 名（全員パイロット）に対して同時実施
U 氏	政府開発援助機関	PBN 導入に係る技術移転援助	航空関連経験者

注：IFPP についてはコラム「IFPP」（p.71）参照。

運航者（航空会社及び一般航空 [3] を含む）を網羅した。民間営利企業と非営利組織による知識移転の特徴の差異を比較するためである。国際機関（2機関）を除くインフォーマントの所属組織の位置する国は，航空先進国から発展途上国までを含む計6ヶ国に及んだ。

　面接調査のインフォーマント数は最終的にG氏～U氏の15名となった（表5.2参照）。この15名という数は調査開始時に設定されたものではなく，理論的飽和化（Glaser & Strauss, 1967），すなわちデータを見ていってもすでに生成した概念の確認となり，重要な概念が新たに生成されなくなった状態に至ったとの判断に基づいて，分析プロセス中に確定したものである。

　面接調査は2012年8月から2013年6月の間に行われた。面接は英語または日本語による半構造化面接の形をとり，主な質問を提示しつつ可能な限り自由に語ってもらった。また，分析の段階で新たに生じた疑問等についてはメール等にて補足説明を求めた。

　主な質問項目は，知識移転における所属組織の位置付けによって異なる。すなわち，知識移転の主体である国，運航者等の職員の場合，①知識移転の動機，②知識移転の経路，③知識移転時の困難さ，及び，④知識移転に係る組織による支援に関して質問した。また，知識移転を外部から支援する立場にある国際機関及び政府開発援助機関職員の場合，質問項目は，①知識普及支援の動機，②知識普及支援の方法，③知識普及支援時の困難さであった。

　面接においては，インフォーマントの許可を得た上でICレコーダーに録音し，同時に，面接時の雰囲気等についてメモをとった。ただし，2名については匿名性への配慮等の理由により録音を行わず，代わりに本人からの回答を文書にて入手するとともに詳細なメモをとった。また，Q氏からT氏の4名については，先方の希望により，筆者を含めた5名でのフォーカスグループの形式を取った。

　面接時間の合計は約13時間となった。分析は筆者単独で行った。前述のとおりU氏までの分析を終えた時点で理論的飽和化に至ったと判断し，デー

3　航空運送事業（いわゆるエアライン）以外による航空機の運航。新聞社による取材飛行，航空測量，農薬散布のための飛行や自家用機飛行等が含まれる。ジェネラルアビエーションともいう。

タ収集及び分析を完了した。

　また上記面接調査に加え，ICAO 地域事務所が主管する PBN 導入関連会議への参加者に対して補足的に情報収集を実施した。補足調査への協力者は 8 名（7 ヶ国及び 1 国際機関）となった。主な質問は面接調査と同じであるが，時間的制約により，いずれの協力者に対しても 10 分程度の時間の中でコメントを求めた。

5.2.　結果：PBN 普及のダイナミズム

　本節においては，データ分析結果として，PBN 開発の経緯，PBN 普及を主導する ICAO の活動の概要や，PBN 導入のために各国が行っている知識移転の取り組みに関して記述する。分析上の主たる関心は，知識移転の経路とその基盤となるプラットフォームである。この観点から収集データの分析を行った結果，各組織による PBN 導入に関して表 5.3 のような要素が抽出された[4]。

　このように，各組織による PBN 導入の動機として，公益，圧力，経済的便益・業務効率向上が挙げられた。また，知識移転の経路あるいは媒体として，各種文書，情報共有ウェブサイト，セミナー・ワークショップ・研修，巡回チーム，定期会議体，密着型プロジェクトチーム，及び，移植学習が挙げられた。一方，知識移転においてプラットフォームが果たす機能として，紐帯形成機能，紐帯維持機能及び知識共有機能が抽出された。さらに，プラットフォームを運営する第三者機関すなわち「プロモーター機関」[5] の機能として，媒体提供機能，正統性付与機能及びリソース提供機能が見出された。

　インフォーマント所属組織間の関係は図 5.1 のとおりである。矢印は知識が移転される主な方向を示す。図中，E 機関や A 国，G 国が PBN の源流と

4　これらの各要素はインタビューデータから抽出されたものである。具体的な発話内容に関しては中西（2014a）付録 7 を参照されたい。

5　本研究においては，プラットフォームを運営する外部第三者機関を，その重要性に鑑み，「プロモーター機関」とよぶこととしている。プロモーター機関に関しては，本章 5.2.5 項において詳しく論じる。

表 5.3 ● 各組織による PBN 導入に係る要素

カテゴリー	サブカテゴリー	説　明	具体例
PBN導入動機	公益	・安全性向上 ・環境上の配慮等	・衝突防止 ・CO$_2$ 排出量削減，騒音軽減
	圧力	・上位組織からの圧力 ・関係組織からの圧力	・ICAO による計画の遵守・監査 ・ユーザーからの要望 ・導入しない場合の不利益（迂回飛行，既存経路の廃止等）
	経済的便益・業務効率向上	・管制処理能力向上 ・コスト削減	・空域最適化を通じた管制効率向上 ・航法援助施設の縮退に伴うコスト削減 ・飛行距離短縮（燃料節減）
知識移転経路・媒体	文書	・ICAO 発行文書 ・地域国際機関発行文書 ・国発行文書	・PBN マニュアル ・各種技術指針文書 ・日本や豪州の PBN 導入ロードマップ
	情報共有ウェブサイト	・技術情報や会議議事録等を掲載する公機関運営ウェブサイト	・ICAO PBN ウェブサイト * ・E 機関航法領域ウェブサイト **
	セミナー・ワークショップ・研修	・ICAO や E 機関によるセミナー ・ICAO や研修機関が実施する技術訓練	・ICAO PBN セミナー ・ICAO 飛行方式プログラムが提供する訓練 ・E 機関が提供する訓練 ・シンガポール航空アカデミーによる飛行方式設計訓練 ・JICA 国際援助の枠組みを通じて日本が提供する訓練 ・国が国内運航者に対して提供する講習会
	巡回チーム	・知識移転のために国際機関等が派遣する専門家派遣団	・ICAO PBN Go Team
	定期会議体	・PBN 導入に係る技術基準検討のための会議 ・PBN 展開計画立案のための会議	・IFPP ・ICAO PBN Study Group ・ICAO Asia Pacific PBN Task Force
	密着型プロジェクトチーム	・国による導入計画立案や技術基準策定時における調整のためのチーム	・「タコ部屋」
	移植学習	・出向 ・転職	・大手航空会社から新興航空会社への出向，OB 再就職

プラットフォームの機能	紐帯形成機能	・知識の送り手組織と受け手組織との間の紐帯形成を促す機能	・IFPP 参加を通じた紐帯形成
	紐帯維持機能	・知識の送り手組織と受け手組織との間の紐帯維持を促す機能	・IFPP 参加を通じた紐帯維持
	知識共有機能	・参加者間における知識共有を促す機能	・IFPP 参加を通じた知識の獲得・構造化 ・会議テーマ以外に関する情報入手
プロモーター機関の機能	媒体提供機能	・プラットフォームを含む，知識移転の媒体を提供する機能	・文書発行・翻訳・要約 ・ウェブサイト開設 ・会議体開催
	正統性付与機能	・プラットフォームの活動や所産に正統性を付与する機能	・ICAO による PBN 概念への国際的地位付与 ・ICAO の影響力及びその旗印によるお墨付きを通じた各国によるPBN 導入 ・I 機関が主管する研修の優位性
	リソース提供機能	・知識移転に必要なリソースを提供する機能	・I 機関による外部訓練参加費用負担 ・ICAO による訓練招聘

注：　＊　＜URL＞http://www.icao.int/safety/pbn/, accessed 2017.07.14
　　　＊＊　＜URL＞http://www.eurocontrol.int/navigation/pbn, accessed 2013.10.13

なる技術の開発を主導した国である。PBN はその後 ICAO にて発展を遂げたのち，世界中に広まった。また，各国においては，J 国の例に見られるように，政府機関等から運航者へとさらに知識が展開されている。そして，ICAO，E 機関，I 機関等，知識移転において中心的な役割を担う組織が存在する。なお，E 機関は約 40 ヶ国によって構成される航空関連地域国際機関である。I 機関は，ある国の政府外部機関であり，政府開発援助（ODA：official development assistance）の実施を所掌している。

　以下，最初に PBN 開発・普及の経緯や各組織にとっての PBN の意味合い等について説明し，その上で，表 5.3 の各要素を中心に，PBN に関する知識移転の特徴を記述する。

5.2.1.　概況

　本項においては，各組織による PBN 導入のための知識移転に関する分析

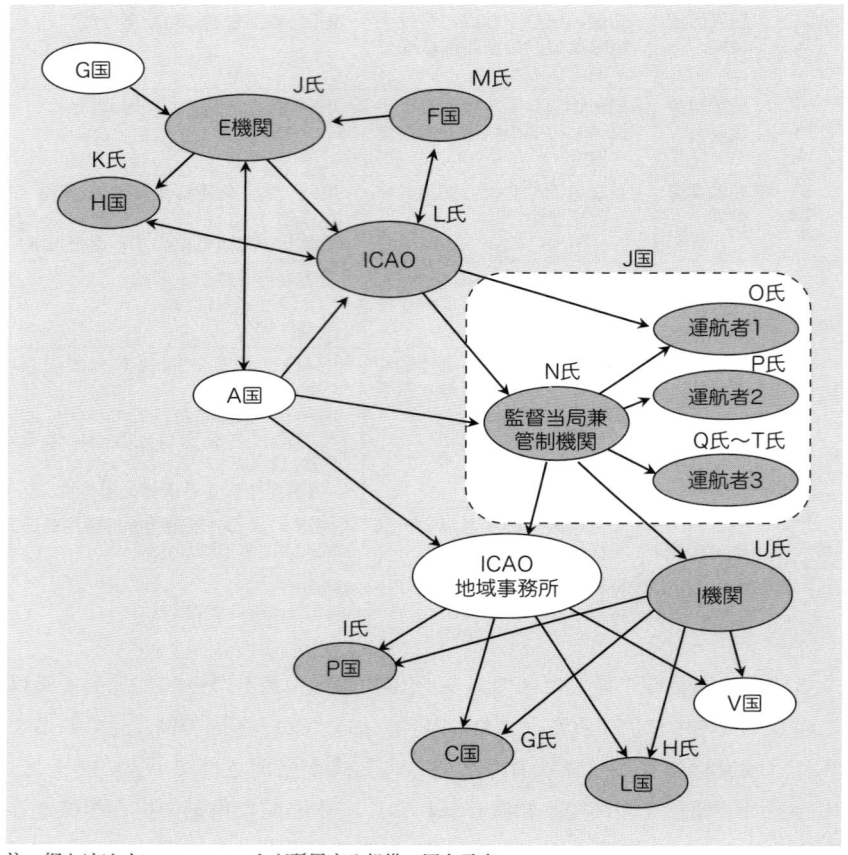

注：網かけはインフォーマントが所属する組織・国を示す。

図5.1 ● インフォーマント所属組織間における知識移転の関係
（知識移転に係る定性研究）

に先立ち，世界レベルでのPBN開発・普及の経緯及びそのためのICAOの
活動，並びに，1国における例として，日本におけるPBN導入の経緯につ
いて述べる。これらの情報は，主として表5.1に示した公開資料から入手し
たデータに基づくものである。

(1) PBN 開発の経緯

　PBN の中核となる技術は，RNAV（area navigation：広域航法）[6] とよばれる。RNAV は，コラム「PBN」（p.4）の図に示されるような，地上施設の配置にとらわれない飛行の方法全般をいうが，その源流は 1970 年代にまでさかのぼることができる（長岡, 2010）。

　1990 年代後半頃から米国や欧州において RNAV 本格導入の動きが活発化し，それぞれの国や地域において RNAV 関連の独自ルールが構築されるようになった（中西, 2013a）。しかしながらこのような各国・地域個別の取り組みの動きは決して望ましいものではない。航空機は国や地域の境界を越えて飛行するため，行き先によってルールや規格が異なると，煩雑なだけでなく時には安全に支障をきたしかねないためである。

　このため 2003 年，ICAO は，RNAV に関して各国・地域が定めた独自ルール間の調和を図り統一的な運用を行うことを目的として，各国専門家によって構成される会議体を設立した。そして，当該会議体における議論を経て，2008 年に PBN マニュアル初版（ICAO, 2008）を発行した。ここで，RNAV は PBN（性能準拠型航法）へと発展したわけである。この PBN マニュアルは，将来の技術進歩を先取りする形で 2013 年に改訂され（ICAO, 2013），現在なお，世界調和的な PBN 導入において最上流に位置する技術的指針となっている。

　現在，PBN の普及は ICAO の重要施策の 1 つとなっている。このため，2007 年の ICAO 第 36 回総会において PBN 導入推進が決議され，2010 年の第 37 回総会における一部修正を経て，今なお PBN 導入推進に向けた取り組みが続けられている（ICAO, 2010b, p. II-32〔決議 A37-11 号〕）。

(2) 各組織にとっての PBN 導入の位置付け

　新技術の導入・普及は，各組織にとってそれが義務なのか任意なのかによってその仕組みが異なると考えられるが，PBN 導入は，組織種別によっ

6　RNAV は，「アールナブ」と発音される。なお，Area Navigation の略が "ANAV" とはならない点に注意されたい。

て若干異なるものの，基本的に罰則を伴うような義務ではない。

　組織種別毎の説明は以下のとおりである。まず，国や管制機関にとって PBN 導入は，ICAO 総会決議によって促され，かつ，隣国からの協調の要求や運航者からの導入圧力を受けることはあるが，国際民間航空条約に基づく義務とはなっていない。

　運航者にとっては，便益を求めて自発的に導入する場合も，当局から特定の空域や空港への就航のために導入を求められる場合もある（CAD Hong Kong, 2013）。例えば，ある空港当局が就航航空会社に対して PBN による飛行を求めた場合，非対応機は迂回飛行を強いられることがある。逆に，PBN による飛行を行うためには航行許可の取得が必須であり（例えば，航空法施行規則第 191 条の 2），当局が許可審査に必要なノウハウを十分に持っていない場合，当局は，強制の主体ではなく逆に，PBN 普及の阻害要因にもなりうる[7]。監督当局のスキル不足が PBN 導入の障害になりうるという事実は，複数のインフォーマントが強調していた（O 氏〜T 氏）。

　以上のようなことから，全般的には，PBN の導入が法的義務や圧力のみによって進められる性格のものではないと判断される。

(3) PBN 導入に必要な作業と知識

　ある国において PBN を導入する場合に関係組織において必要となる主な作業及びそのために必要な知識は表 5.4 のとおりである。

　まず，国は，運航者に対して航行許可を付与しなければならないが，そのための基準制定や，審査実施も必要となる。航空管制業務提供機関は，PBN による飛行経路の整備に加え，管制官訓練を実施しなければならない。また，運航者も，実施要領制定，許可取得，乗組員訓練等を行わなければな

7　調査実施当時，ICAO は各国に「運航者による PBN 実施には国の許可が必要」との制度の適用を求めていた（ICAO, 2013）。しかし，許可審査手続きの煩雑さ等が PBN 普及の障害となり，かえって PBN 普及を通じた安全性向上を妨げているとの認識から，ICAO は，2016 年 11 月より「PBN に係る国の許可制度を必要としない」との制度に方針転換した（ICAO, 2016b）。これは，「安全とバーターでの規制緩和」ではない「安全のための規制緩和」という新たな動きとして注目すべきである。

表 5.4 ● PBN 導入のための主な作業と必要知識

組織種別	作業	必要知識
国 (監督機関)	・運航者に対する航行許可付与のための審査基準の制定，審査実施，許可付与 ・PBN に基づく経路設定基準の制定	・PBN に基づく航空機運航全般（航法装置含む）に関する知識
航空管制業務提供機関	・PBN に基づく飛行経路の設定公示 ・PBN に基づく飛行経路の飛行検証 ・PBN 環境下における管制運用手順に関する管制官訓練	・PBN 飛行経路設定のノウハウ ・PBN 飛行経路検証のノウハウ ・PBN 環境下における管制運用手順に関する知識
運航者	・PBN に基づく航行に係る許可取得 ・PBN に基づく運航実施要領の制定 ・PBN に基づく運航実施のための乗組員訓練	・許可申請のノウハウ ・PBN に基づく航空機運航全般（航法装置含む）に関する知識

出典：面接調査データ，ICAO（2013），中西（2013a）等の文献に基づく。

らない。これらが全て完了して初めて，実際に PBN に基づく経路が設定され，航空機による当該経路上の飛行が可能となるのである。

　そして上記作業を行うために様々な知識が必要となる。監督機関は PBN に基づく航空機運航全般（航法装置含む）に関する知識を，航空管制業務提供機関は PBN 飛行経路の設定・検証に係るノウハウ及び PBN 環境下における管制運用手順に関する知識を，そして運航者は，PBN に基づく航空機運航全般（航法装置含む）に関する知識に加え，許可申請のノウハウを獲得しなければならない。

(4) PBN 普及に向けた ICAO の活動

　このように，PBN を実際に導入する上で関係者は様々な知識を獲得しなければならない。このため ICAO は，決議を通じて PBN 導入を謳うのみならず，指針文書の発行と情報共有ウェブサイト上での公開，セミナー・ワークショップ・研修の開催等，様々な活動を通じて各国による PBN 導入のための知識移転を支援している。

　文書としては，上記 PBN マニュアル（ICAO, 2013）の他，各種指針文書等を作成，公開しているが，これらは PBN 導入に必要な最も基本的な知識

を集約したものである。

ICAO はまた，これらの文書による知識普及を促進するため，セミナーやワークショップ，研修といった場を提供している。PBN 導入初期においてICAO は，PBN マニュアル（ICAO, 2008）の発行と前後して，2007 年から2008 年にかけ，世界 8 ヶ所にて PBN の普及を目的としたセミナーを開催した。また 2012 年 11 月にも，その後の技術進歩の紹介や各国による導入状況の紹介を行うシンポジウム及びワークショップを開催している（ICAO, 2012）。これらのうちセミナーは主として啓発・動向紹介レベルであり，ワークショップはセミナーよりも詳細な技術的知識を移転するための場，そして研修はさらに実践的な実務的知識・技能の移転を指向している。

これらの場においては，知識の送り手となる国の専門家や ICAO の担当者から，複数の国・参加者に対して知識が発信されるが，さらに，巡回チーム（Go Team）の派遣を通じた密度の高い知識移転の機会も用意されている。巡回チームは，各地域において主導的立場となりうる国（1〜2 ヶ国）に対して直接専門家を派遣し，より具体的な問題点把握，指導を行うというものである。ここで，巡回チーム受け入れ国は，当該国からさらに地域内への知識移転を行う役割を果たすことが期待されている（L 氏）。

また ICAO は，公式文書その他の資料を提供するツールとして，PBN に係る情報共有ウェブサイト（ICAO, 2012）を立ち上げている。当該ウェブサイト上では，公式文書の他，セミナー，ワークショップ，会議体提出資料や議事録が公開されているとともに，e ラーニング（無料）が提供されている。

そして上記取り組みの結果，ICAO の PBN ウェブサイト（ICAO, 2012）によれば，2013 年 4 月時点において，世界各国の国際航空用計器飛行滑走路中，PBN が導入された滑走路は，全体の 54% に上るとされている。

(5) 日本における PBN の導入

日本においては，PBN 開発の動きに先立ち，1992 年より，PBN の前身となる RNAV の評価試行運用が行われてきた（RNAV 連絡協議会, 2005）。こ

の運用は，「試行」という名称を冠してはいたものの，段階的に運用方法の改善が進められ，最終的には，実効上正式運用と同様の位置付けを占めるようになった。この試行運用及びその後の評価運用の経験は，その後の PBN 本格導入における吸収能力（Cohen & Levinthal, 1990）向上に大きく貢献した（N 氏）。そして日本は，2007 年以降，ICAO による PBN 導入の動きに呼応し，着実に PBN 導入を進めてきた。

　PBN 導入に必要な知識移転のために日本は，IFPP 等の各種国際会議へ担当者を参加させてきた[8]。また 2004 年には，先行する欧米諸外国に調査団を派遣し，より実践的な知識の吸収に努めた。このような調査団の派遣は日本の航空界においてよく見られる手法であるが，これは航空界において「比較的豊かな途上国」である日本独自の手法であるといえる。先進国の多くは新技術開発の当事者であって調査団は不要であり，逆に途上国にとってこのような調査団派遣は予算上の制約から困難なためである。

　一方，国内では当局，航空会社等を含めた知識共有・意思決定を目的として，2004 年 8 月に「RNAV 連絡協議会」が設置された。当該会議は 2005 年 7 月に，より発展拡張する形で「RNAV/ATM 推進協議会」[9]に改称されたのち，2010 年 12 月からは「将来の航空交通システムに関する推進協議会」にその課題が引き継がれ，現在に至っている。

　ここで導入に向けた活動を実際に主導したのは，上記会議体の事務局として結成された実務者によるプロジェクトチームであった。プロジェクトチームは，国土交通省航空局及び航空会社の実務担当者計 6 名によって構成され，航空局内に設置された「タコ部屋」とよばれる小部屋に集められた。タコ部屋形式が採用されたのは，PBN 導入には幅広くかつ専門的な知識が必要であり，関係者による日常的な対面での議論が重要であったためである。タコ部屋の設置は，日本の中央省庁が新法制定等の作業を行う際に広く適用されている仕組みである。ただし，省庁内において，同じ部局内の異なる課

8　IFPP についてはコラム「IFPP」（p.71）参照。
9　ATM は air traffic management（航空交通管理）の略。航空交通管制（ATC：air traffic control）の業務をより進化拡張させた概念である。

だけではなく，所属する部の異なる職員が集まって形成するのは異例のことである（O氏）。さらに，このPBNタコ部屋のメンバーには，中央省庁すなわち航空局の職員だけでなく航空会社側の担当者も含まれている。このように，越境性の点において，「PBNタコ部屋」は一般的なタコ部屋と異なっている。

上記方針策定会議で決定されたPBN導入計画は，2005年4月に「RNAVロードマップ」（RNAV連絡協議会，2005）として取りまとめられ，いかなる技術・飛行方式を，どの時期に，どの空港に導入するかを示す指針として活用されてきた。また当該ロードマップの他，各種技術基準も発行された。代表的なものとして，2007年6月には，PBNに基づく飛行経路を設計するための基準である「飛行方式設定基準」改訂版と，運航者によるPBN航行許可申請を国が審査する際に準拠すべき「RNAV航行の許可基準及び審査要領」が発行されている。

これらの活動の結果，日本において民間共用されている101空港中に占めるPBN導入空港の数は，2008年3月末時点において11空港となったのを皮切りに，2009年3月（21空港），2010年3月（29空港），2011年3月（35空港），2012年3月（37空港），2013年3月（47空港），そして2016年8月（65空港）と，着実に増加し続けてきたのである（筆者調べ）。

5.2.2. PBN導入の動機

ここからは，PBNに係る知識移転に関して主に面接調査を通じて明らかになった事実について述べる。まず，各組織によるPBN導入の動機は，民間営利企業すなわち運航者と，国，公団等の非営利組織との間で異なるものであった。

国や航空管制業務提供機関といった非営利組織にとってのPBN導入の主な動機は，公益の追求，外部圧力及び業務効率向上であった。

それらのうち公益追求の具体的な内容は，以下でN氏が述べているとおり，航空機の安全性・効率性・定時性の確保，管制官・パイロット等のワークロードの軽減，運航者の経済性の向上，CO_2の削減等である。

【Ｎ氏】　航空機の安全性・効率性・定時性の確保，管制官・パイロット等のワークロードの軽減，運航者の経済性の向上，CO_2 の削減等が，導入の動機です。PBN 導入が，直接的に組織の利益になるわけではありません。しかしながら，［航空関連法令］に，「航空の発達を図ることによる公共の福祉の増進」が目的として掲げられています。またそのための手段として，「安全の確保，利用者の利便の増進」が掲げられています[10]。

　上記のような能動的な PBN 導入の一方で，PBN 導入に係る ICAO 総会決議（ICAO, 2010b）や ICAO による PBN 導入計画とその実施状況に関する監査といった外部圧力への対応こそが PBN 導入の理由であるという，受け身の姿勢も見られた（Ｉ氏，Ｍ氏，Ｕ氏）。

【Ｉ氏】　発端は（PBN）導入計画の提出を求めた ICAO 地域事務所からの文書です。これには，計画提出の締め切りも示されていました。これが出発点です。＜中略＞これがイニシアチブであり，私たちに対して，導入計画作成を強制しました。
【Ｍ氏】　実際のところ，［インフォーマント所属組織］は，主に２つの理由から PBN 導入を決めました。１つ目は，ICAO（総会）の決議です。その名称は忘れましたが，私たちに対して，PBN を導入すべきと定めていました。もう１つは，航空会社からの圧力です。

　同様に，地域によっては，当該地域を管轄する地域国際機関からの圧力が PBN 導入の直接的な理由として挙げられていた（Ｊ氏，Ｋ氏）。
　また，公益の追求や圧力以外に，PBN 導入に伴う既存インフラ縮退といった経済的便益も動機に挙げられている（Ｍ氏，Ｑ氏，Ｒ氏）。例えば，香港航空当局による PBN 義務化も，空域の有効活用に加え，コスト削減を追求するものである（CAD Hong Kong, 2013）。
　一方，営利企業である航空会社は，消費燃料削減等の経済的便益を第１の動機として挙げていた（Ｏ氏，Ｐ氏）。また現在，PBN 導入に併せて従来型経路が廃止されつつある。このため，PBN を導入しないと迂回飛行を強い

---

10 前章と同様，［　］内は匿名性担保のために筆者が言い換えた箇所を，（　）内は指示語の内容を示す等の理由で筆者が付け加えた語句を示す。

られるといった不利益を被ることもあり，事実上強制的に PBN を導入せざ
るを得ないというケースもある。例えば，一部の例外は認められているもの
の，香港国際空港に就航する航空会社は，2013 年 7 月以降，香港航空当局
によって，PBN による運航が義務付けられている（CAD Hong Kong,
2013）。なお，ある空域において従来型航法が廃止され，PBN 導入が義務化
される場合，その第 1 の理由は，異なる飛行方法を行う航空機の混在による
安全上あるいは空域の有効利用上の障害を防止することにある（ICAO,
2013）。

5.2.3. 知識移転の媒体

　各国機関及び運航者は，PBN 導入に必要な知識の移転の媒体あるいは機
会として，公式文書，セミナー・ワークショップ・研修，情報共有ウェブサ
イト，会議体等を活用していた。日本以外の国は，日本のような単独の調査
団の派遣は行っていない一方，セミナー・ワークショップ・研修等に積極的
に参加していた。また，これらのセミナー等への参加費用について，国際機
関からの援助も活用されていた。

　そのうち公式文書としては，ICAO や E 機関発行の規程類，指針文書等
がある。これらの文書は，PBN 導入に必要な最も基本的な知識を集約した
ものである。その他，他国の導入計画等，他者の事例がひな形として活用さ
れていた（I 氏）。これは模倣による知識移転の例といえよう。

　しかしながら G 氏や N 氏は，これらの文書だけでは知識移転において不
十分であると指摘している。すなわち，全て理解するには量が膨大すぎ，同
時に，実際に PBN を適切に導入する上では不足だというのである。

　【G 氏】　私たちは，ICAO 文書を参照します。　しかし，インストラクターなし
　　で，文書だけで学ぶのは困難です。PBN を学ぶことは一見簡単そうですが，
　　そうではありません。どのパラグラフを参照すればよいかを教えてくれる人
　　が必要なのです。〈中略〉ICAO 文書は参照用です。PBN 方式設計を学ぶため
　　には，特別なインストラクターが必要です。なぜなら，設計には深い知識が
　　必要だからです。〈中略〉ですから，ICAO 文書だけでは，方式設計には足り

ないのです。非正常状態に関することも学ばねばなりませんし。

このようなことから，文書だけではなくより密な知識移転の機会が求められているのである。そこで，これらの文書による知識普及の限界を補うため，ICAO や E 機関開催のセミナーやワークショップ，研修等が活用されていた。G 氏の言葉を借りれば，セミナー等は第 1 に，膨大な知識を整理構造化して移転するために必要である。そして第 2 に，文書には書かれていない実践的知識の移転のために必要でもある。例えば G 氏は，PBN 以外のセミナー参加の機会に他国の関係者との会話の中で PBN や関連新技術について初めて知り，それをきっかけにして自ら学ぶようになったと述べていた。

【G 氏】　私は，Y2K，南シナ海エンルート経路網等，多くのプロジェクトに関わりました。〈中略〉次に RVSM です。〈中略〉そして，次世代 CNS/ATM が来ました。これらに関する議論の中で，ある国から来た専門家が，PBN や CNS/ATM に関して話し始めました[11]。これは，私にとって新しいものでした。それで私は，PBN がどういうものか自分で学び始めましたが，これは非常に大変でした。

その他，本来は直接知識移転を目的としたものではないが，国際・地域・国レベルでの指針決定や技術基準検討のための会議体も知識移転において活用されていた。その具体例が，ICAO 主管による，飛行経路設計の技術基準を検討する会議体である IFPP である。IFPP の目的は技術基準の検討であって成員間の知識移転ではないが，実際には，知識移転の場としても活用されている。例えば M 氏は，IFPP 参加を通じた自組織への知識展開について，以下のとおり述べている。

【M 氏】　（IFPP は）年 2 回開催されます。そして通常は IFPP 開催直後に，あるいは少なくとも年 1 回は，（M 氏所属組織の）各（方式設計）オフィスから

---

11 エンルート経路とは，上空での巡航・水平飛行のための経路をいう。Y2K は，いわゆるコンピュータ 2000 年問題を指す。RVSM（reduced vertical separation minima）は，他の航空機との垂直方向の間隔を縮小して飛行する方式をいう。CNS 及び ATM は，それぞれ "communications, navigation, surveillance"（通信・航法・監視）及び "air traffic management"（航空交通管理）の略であり，いずれも，航空機の運航を支えるインフラの一種である。

最低1人は，（新技術情報の共有展開のために）集まります。このワーキング
グループでは，PBNに限らず，方式設計全般の新技術に関して議論します。
そしてオフィス間で意見を交換し，業務の共通化を図ります。

逆にIFPPのような会議体へのアクセスを持たない組織の担当者は，様々
な文書の背景や根拠といった，より高度なレベルでの知識の入手に困難を感
じていた。

日本のタコ部屋も知識移転の場として機能していた。上記の会議体と異な
り，タコ部屋はより日常的な場であり，そこでは日々の対面での議論や相談
を通じて膨大かつ複雑な知識が担当者間で移転されていた。航空会社社員で
あるO氏は，タコ部屋での密接な知識共有が政府組織内の緊密な協力関係
構築に大きく貢献したという。

> ［O氏］　官と民の間柄もそうなんですけど，官の中でも組織の間が縦割りにな
> るというのがありますので，（タコ部屋がなかったら）そこまでのものができ
> たかっていうと，どうだったかなと思います。＜中略＞民間の方でも，（私と
> もう1人の方とでは専門が異なっていたので）そういった意味では知識の交
> 換が生まれてますし。官の方も，全く違う分野の人が来ていますので。
> RNAV（PBN）ってのは，結局，全体が把握できていないと各論が進まないっ
> ていうものだったんですね。それは月1回程度ではできない。「飲んで終わり」
> といったようなものになってしまったと思います。そういう意味でよかった
> なと思います。官の方に聞いてみないとわかりませんけど，我々より官の方
> にメリットが大きかったんじゃないかと。官の側の，課ではなく部の垣根を
> 越えた形だったので。それはとても珍しい案件だったと。

このようにインフォーマントらは，研修や会議体参加を通じて，知識移転
経路となるつながり（紐帯）を構築していた。逆にN氏やO氏は，このよう
な機会の減少に伴う紐帯の弱体化を危惧していた。N氏の国ではかつて，
会食等の機会を通じて，異なる組織の担当者間において充実した関係が形成
されていたが，近年はそのような機会が減少し，徐々に知識移転に支障をき
たしつつあるという。現時点では年長者が過去に築いたネットワークに若年
者が便乗する形で知識移転がなされているが，将来的にはこのようなつなが

りが消失するかもしれないと，N氏は危惧している。

　これらに加え，ICAOや地域機関の開設した情報共有ウェブサイトが，公式文書を補完する情報や，セミナー，ワークショップ，会議体への提出資料及び議事録の入手に活用されていた。なお，いずれのインフォーマントの場合も，移転経路が単一ということはなく，複数の経路を相互補完的に活用していた。

5.2.4.　知識移転を促すプラットフォーム

　上記のように，PBNに関する知識移転において研修や会議体が重要な役割を担っていた。敷田・森重・中村（2012）は，プラットフォームを，「複数のアクターが参加し，コミュニケーションや交流することで，相互に影響し合って何らかのものや価値を生み出す場やしくみ」（p.26）と定義しているが，この定義に従えば，上記会議体等は，知識移転を促すプラットフォームの一種であるということができる。このようなプラットフォームには，タコ部屋のような密集型プロジェクトチーム，IFPP等の定期会合，国際機関による巡回チーム，セミナー及び研修，情報共有ウェブサイト等がある。そして，インフォーマルなコネクションといった知識移転経路となる紐帯の大部分は，送り手組織と受け手組織だけによって個別に直接形成されたものではなく，プラットフォーム参加を通じて形成されていた。

　データ分析結果によれば，知識移転のプラットフォームは，知識移転のための紐帯の形成・維持を促す機能，並びに，多数の組織間における同時知識共有機能を持っている。以下，これら各機能について説明するとともに，プラットフォーム類型別の特徴について述べる。

（1）紐帯形成機能

　プラットフォームは，第1に，知識の送り手と受け手をつなぐ機会を提供する紐帯形成機能を持つ。各組織の代表者は，プラットフォームの会議席上及び休憩時間等を活用して新たな知識の送り手を探索し，名刺交換等を通じて紐帯を築いていた。その結果K氏は，IFPP出席を通じて，公開文書等に

よっては得られない詳細な情報や他国の経験に関する知識を提供してくれるような，他国の関係者との接点を得ていた。またJ氏は，別の会議を通じて，通常業務では接する機会のない機器製造分野の専門家との接点を得ていた。

　そしてプラットフォームたる会議体が開催されていない期間も，会議体開催期間中に形成された紐帯を活用して個別に接触し，知識を獲得していた。このときプラットフォームは，知識移転経路そのものではなく，知識移転経路たる紐帯の形成を促す外部装置として機能しているのである。

(2) 紐帯維持機能

　第2の機能として，プラットフォームは，組織間または個人間において形成された紐帯の維持を促す紐帯維持機能を持つ。J氏やO氏は，いったん形成した関係も意識して維持する必要があると述べているが，定期的に開催される会合はその維持を促す。J氏によれば，会議体参加を中断した場合には，徐々に関係は弱体化し，3年ないし4年で消失する。たとえ連絡先を知っていても長期間会わなければ連絡しづらくなるので，最低でも年1回は会議体等に参加することを通じて，意識的に関係を維持する必要があるという。また，このような関係すなわち紐帯の形成及び維持に関して，インターネット上のソーシャルネットワーキングサービス（SNS）は機能しないという。

> 【J氏】（会議体参加を通じて得たネットワークは）2〜3年は継続します。〈中略〉しかし，定期的に会合に参加しない限り，このネットワークは壊れてゆきます。今回が私にとって最後のIFPP参加です。IFPP関連のことでIFPP参加者と作業している間，私はIFPP参加者との間で接点を持ち続けるでしょう。しかし，徐々に接点を失ってゆくのです。理由がなくなるので。3年後，あるいは4年後には，私は抜け落ちてしまうでしょう。そして，私はネットワークを失うでしょう。〈中略〉ですから私は，ネットワークを再構築し続けなければならないのです。クモのように，網を修理し続けなければならないのです。〈中略〉LinkedIn[12]が役に立たないとは思いませんが，重要な役割を

---

12 インターネット上のソーシャルネットワーキングサービスの1つ。特に，ビジネス面に生かすことのできるようなつながりの構築を志向する（URL：http://www.linkedin-jp.com/, accessed 2013.11.22）。

　　果たすものとは思いません。皆，「LinkedInでつながりましょう」と言われ
　　て「いいですよ」といって，その結果，私のリストには多くの人の名前が載っ
　　ていますが，私はそれを使ったこともないし，それで彼らに声をかけようと
　　もしない。彼らも私に声をかけてこない。

　またO氏は，紐帯の形成・維持いずれにおいても，ある程度長期的な会
議体参加が必要だという。

　　【O氏】　つなげていかないと，人間関係ですので，なかなか赤の他人同士が知
　　　り合って，全く音沙汰なければ忘れてしまうというのは普通のことだと思い
　　　ます。やはり，継続して，やっていくというのが必要です。残念ながら，わ
　　　が国の場合は必ず異動というのがありまして，官民とも必ず何年かごとにポ
　　　ジションにいる人が入れ替わっていく。＜中略＞そうすると，どうしても人
　　　間関係が弱くなる。

　紐帯の維持において行為者自身の行動は不可欠である。しかし，そのため
の場がなければ，必要な行動をとることも困難である。プラットフォーム
は，行為者による紐帯維持行動のための貴重な機会を提供するという点に価
値があるのである。なお紐帯維持機能も，紐帯形成機能同様，経路を維持す
る外部装置としての機能であるといえる。

(3) 知識共有機能

　第3の機能は，プラットフォーム参加者間における知識共有機能である。
プラットフォームがない場合，知識は送り手と受け手の二者間関係に沿って
直接移転される必要があるが，プラットフォームが利用可能な場合，これを
活用して多数の組織や個人が知識を共有することができる。ここでプラット
フォームは知識が移転される内部装置として機能しており，この点におい
て，知識共有機能は，外部装置としての機能である紐帯形成機能や紐帯維持
機能と性格を異にするものである。

　また，プラットフォームは，参加組織・個人間での知識共有を促すと同時
に，各組織に対して，従来接点や関心のなかった領域へとその視野を拡大さ
せる。I氏は，会議開催時の休憩時間中の他の参加者との会話を通じて，そ

れまで注目していなかった領域に関心を拡げることができたと述べている。またG氏はかつて，PBNとは異なるテーマに関する技術会合出席時に，他の参加者との会話の中で初めてPBNを知ったという。

　またこのような知識共有を通じて，様々な分野に係る知識全体の関係・体系に係る理解が促され，知識の構造化が進む。PBNのように幅広い知識が必要な場合，ある送り手から知識を得た後に別の送り手から他分野の知識を得ると，最初の移転時にはなかった疑問が湧出し，第1の送り手に再度質問をしなければならないようなことがある。ここで，会議体のようなプラットフォームがあれば，リアルタイムで複数名の知識を統合して迅速に疑問を解消するとともに，知識を構造化することができるのである。例えばK氏は，IFPP出席を通じて，PBNに関連する自らの諸知識を統合し，PBNの全体像を知ることができたという。

　【K氏】（IFPP参加を通じて）私は，よりよい知識全体像を得ることができるようになりました。なぜなら，全てのワーキングペーパー[13]を読んでいるからです。私は，ビッグピクチャーに興味があります。＜中略＞私は今，航空の異なる領域に関する全体像を持てるようになったと感じます。そして同時に，私が知りたい詳細についても，今は簡単に知ることができます。

　同様に，各分野の担当者が集結する日本のタコ部屋も，日常的なリアルタイムでの知識の擦り合せを促し，各分野に関する戦略を整合させる上で有効な場であったという（O氏）。

　プラットフォームの機能は，表5.5に示すとおりその類型によって異なる。

　表5.5では，プラットフォームを，インタラクションすなわち成員間の相互作用の頻度により，密着型プロジェクトチーム，定期会議体及び情報共有ウェブサイトの3種類に分類している。インタラクション頻度を分類基準としたのは，これが，プラットフォーム類型間の差異の源泉となっていると考えたためである。また，それぞれタコ部屋，IFPP及びICAOが運営する

---

13 ワーキングペーパーとは，IFPP等のICAOの会議体に提出される資料の種別の1つであって，会議に対して何らかの議論・検討を要請するものをいう。

表 5.5 ● プラットフォームの類型による機能の相違

プラットフォーム 種別		密着型プロジェクト チーム	定期会議体	情報共有ウェブサイト
例		タコ部屋	IFPP	ICAO PBN ウェブサイト*
インタラクション		高頻度	低頻度	非常に低頻度
移転される知識		形式知と暗黙知	形式知と暗黙知	形式知
機能の比較	紐帯形成機能	強い紐帯が形成可能 だが，範囲は狭い	広範囲にわたる中程 度の紐帯形成可能	弱い
	紐帯維持機能	非常に強い	強い	非常に弱い
	知識共有機能	高頻度で可能だが， 共有成員数少ない	低頻度	多くの参加者間で共有可 能。ただし形式知に限定
参加コスト		高い	中程度	低い

注：*　＜URL＞http://www.icao.int/safety/pbn/, accessed 2013.12.15

PBN ウェブサイトを例として挙げている。

　プラットフォーム各類型に関しての，インタラクション頻度に基づく特徴及び傾向は以下のとおりである。インタラクション頻度の高いプラットフォームほど暗黙知の移転が可能となり，紐帯形成機能及び紐帯維持機能も強くなる。また，インタラクション頻度の高いプラットフォームでは，知識共有機能は強いが，参加者が少ないこと及び外部からの参加が困難なことから，共有可能な知識領域は狭く，知識を共有する成員数も少なくならざるを得ないし，参加コストも高くなる傾向にある。ただし，タコ部屋のようにインタラクション頻度が高ければ，結局知識移転の速度は非常に高くなるのであり，時間価値を考慮すれば，知識移転の総コストは低減されるともいえる。

　一方，情報共有ウェブサイトのようにインタラクションが限定的なプラットフォームの場合，各機能は弱いといえる。しかしながら，特に形式知に関しては，他のプラットフォームよりも多くの成員間での共有を可能にするといった固有の利点がある。

　なお，定期会議体が全て有効に機能しているわけではない。自組織の利益を強く主張する参加者がいると，建設的な議論が阻害され，知識移転が進まない（M 氏，N 氏）。また，目的があいまいもしくは遠大な会議体においても，議論の活性化が阻害され，知識移転が停滞する（N 氏）。

【N氏】 一方で，活発でない場もあります。例えば，経営を担っている者が参加すると，組織の利益を指向するため，よい議論ができません。また，［X会議］のように予算の裏付けがなく，ゴールが大きく，多岐にわたる会議も活性化しません。ステークホルダーがやるべきことが多くて，的が絞れないのです。このような会議では，結果が見えない，つまり，自分の在任期間に結果が出ないのです。（iPS細胞の）山中教授のおっしゃるような，「100年後に結果が出ればよい」という考えは，今の行政官には持ちにくい発想といえるでしょう。この点は，もし異動サイクルが長くなれば，変わるかもしれませんが。

ここでX会議（仮称）は，N氏の所在する国の将来にわたる航空関連新技術導入等に係る長期計画を検討する会議体である。その議題はIFPPと比較すると非常に多岐にわたる。またその目標年次も約20年先と，かなり先のものとなっている。N氏によれば，X会議のこのような特徴すなわち多数かつ長期志向の議題が，X会議での議論が活溌化しない要因になっているとのことである。

5.2.5. プラットフォームを支えるプロモーター機関

上記のようなプラットフォームは，ICAOやE機関といった公的機関によって運営されている。このように，PBNに関する知識移転においては，ICAOやE機関のような国際機関が大きな役割を果たしていた。ICAOにてPBNの開発普及を主導したL氏は，ICAOの活動について以下のとおり述べている。

【L氏】 ICAOは，PBNスタディグループ（PBNマニュアル策定のための会議体）を設立しました。以前からPBNの原型となる概念はありましたが，はっきりしたものではなかった。世界共通なものとしてPBNの概念をまとめたのはICAOです。そして，（PBNマニュアルにまとめられた知識を普及するための）セミナーや，（PBN導入計画を検討・調整する）タスクフォースを立ち上げ，より詳細な文書資料を作成しました。また，IATA[14]等と共同で，各国に，専門家による技術指導チームを派遣しました。

---

14 IATA（International Air Transport Association：国際航空運送協会）：航空会社等，航空運送事業に関連する企業等によって構成される国際団体。

技術指針文書等は各国の専門家によって執筆されている。しかしながら，編集や議論の場を提供し，PBN マニュアル（ICAO, 2013）のように表紙を付して公式文書として発行しているのは ICAO や E 機関といった国際機関である。また，セミナー・ワークショップや巡回チームには各国の専門家が講師やコンサルタントとして参加しているが，これらを企画提供しているのはあくまで国際機関や政府開発援助機関（ODA 機関）である。加えて，これらの機関は，途上国が各種研修に参加するための資金援助も行っている（I 氏，U 氏）。このように ICAO や E 機関は，ある組織から別の組織へと知識が移転される上で重要な役割を担っている。そこで，知識移転においてこのような外部第三者組織が果たす役割に鑑み，これを「プロモーター機関」とよぶこととする。

プロモーター機関の機能は以下のとおりである。

第 1 に，知識移転の媒体を提供する機能を持つ。例えば ICAO 本部及び地域事務所は，IFPP を含む各種会議体や，PBN 普及のためのワークショップ，セミナー，研修，PBN ウェブサイト（ICAO, 2012）等のプラットフォームを提供している（ICAO APAC Office, 2013）。また ICAO は，巡回チーム（Go Team）を派遣している。プラットフォーム以外にも，PBN マニュアル（ICAO, 2013）のような技術文書の発行を通じて知識移転を図っている。

第 2 に，プラットフォームとその所産に対して正統性を与える正統性付与機能を果たしている。PBN マニュアル（ICAO, 2013）のように，ある加盟国が開発した技術基準が，内容を大きく変えることなくほぼそのまま ICAO 文書として改めて発行されることがあるが，ICAO 文書であるというお墨付きは，当該基準に正統性を付与するのである。PBN マニュアル（ICAO, 2013）もそのような文書の例である。その内容の大部分は元々，民間文書（RTCA, 2003）や米国（FAA, 2005）及び欧州（JAA, 2000）の国内・地域内基準に記載されていたものであったが，これが ICAO 文書となったことによってはじめて PBN は世界レベルでの正統性を獲得し，急速な普及と次世代技術の開発につながったのである（L 氏）。

ICAO 公式文書の持つ重みについては O 氏も言及している。2007 年時点

において，PBN マニュアルの内容はすでに確定していたにもかかわらず，その正式発効が遅れる可能性が生じていた。このため O 氏の所属する航空会社を管轄する政府監督当局は，正式発効まで PBN 導入を延期するという方針を打ち出していたのである。

> **【O 氏】** 元々 RNAV を導入するときに ICAO のマニュアルが最終的に完成した時に即やりましょうということだったんですけど，その ICAO のマニュアルができる時期がズルズル遅れていたという時期がありまして。そうはいっても会社の中ではやる状況になって心構えもできている状況で，それを後ろにずらすのかと。でも，民間としては，別に，ルールができるのがわかっているのだから，それを前提にやればいいんじゃないかというんですけど，逆に官の側ではルールが（正式版として）できてないものはやるわけにはいかないという建前があって，非常に苦労しました。

　国，公団等による「正式版が必要」との論理は，非営利組織に求められる説明責任に起因すると考えられる。これらの組織においては，何らかの施策を実行しようとする際，常に説明責任が求められるのである（N 氏）。

> **【N 氏】** ICAO を持ち出すことによって，「お墨付き」を得ることができます。つまり，何かあった時に，ICAO が根拠であれば，導入を決めた役人の責任ではなくなるのです。「ICAO に基づき」という法律を認めた国会の責任とすることができるのです。例えば，PANS-OPS [15] と全く同じ文書が［A 国］のものだったら，ICAO と同等のお墨付きは得られません。

　このように，「本施策は ICAO の方針・ルールに基づくものである」と，その施策の根拠を ICAO の正統性に帰することにより，最も簡単かつ明瞭に，説明責任を果たすことができるのである。同様に，正統性は「問題が生じた場合にプロモーター機関に対して責任を帰することができる」という受け手の安心感を高め，移転された知識の積極的な適用を促す（N 氏）。ただし，実際に ICAO が責任を負うと規定されているわけではないし，問題が

---

15 PANS-OPS（Procedures for air navigation services – Aircraft operations：航空業務方式−航空機運航）とは，ICAO が定める飛行方式設計の国際技術基準のこと。

生じた場合に国が ICAO に対して賠償請求を行うとも考え難い。ICAO に責任を負わせることが重要なのではなく，自組織またはその成員自身が免責されるという点が重要だというのである。

正統性付与機能が極端に作用する場合，プロモーター機関は，プラットフォーム参加組織に対して行動を強制しているように見えることもある。実際，I 氏，K 氏及び M 氏は，ICAO あるいは地域国際機関の方針に適合することが PBN 導入の動機であったと述べている（5.2.2 項参照）。確かに，この点に関しては，強制とよぶべき圧力が実際に存在する場合もある。しかしながら，上記にて N 氏が述べているとおり，むしろ各組織内部において，ICAO 等の正統性を旗印に PBN 導入を推進しようとする力が働いていることもあるのである。

第 3 に，プロモーター機関は，知識移転に必要なリソースを提供する機能を持つ。具体的には，専門家派遣，研修招聘等，知識移転に必要な活動等への人的・資金的援助が挙げられる。G 氏，H 氏，I 氏及び K 氏は，自国への PBN 関連知識の移転において，これらの援助スキームが活用されていると述べている。また，上記正統性付与機能と関連するが，U 氏は，これらの援助スキームが民間企業ではなく ICAO や政府開発援助機関によって行われることが重要であると述べている。

> 【U 氏】　民間と［ODA 機関名］では重み付けが違います。位置付けが違うのと，提供するノウハウの信頼性が違う。［ODA 機関名］派遣の専門家が行くというので，そのノウハウに対する信頼は違います。そこが，受ける側，カウンターパート側のやる気とかにも結び付いていると思いますね。

このようなリソースの一種として，プロモーター機関は，知識移転の媒体も提供している。例えば ICAO が提供する知識移転媒体としては，PBN マニュアル（ICAO, 2013）等の公開文書に加え，IFPP を含む各種会議体や，セミナー，研修，PBN ウェブサイト（ICAO, 2012）等のプラットフォームが挙げられる（ICAO APAC Office, 2013）。

ここで重要なのは，プロモーター機関である ICAO が，プラットフォー

ム運営や技術文書発行等の諸活動を包括的に展開し，それによって相乗効果がもたらされたという点である。U氏が述べているとおり，一企業がセミナーを開催したとしても，ICAOと同等の効果は得られなかったであろう。プロモーター機関による諸活動の包括的な展開は，当該機関が運営するプラットフォームへの参加に対する誘因（國領, 2011）を生み，プラットフォーム参加を通じた紐帯維持を促すと考えられるのである。

　なお，J氏やL氏によれば，プロモーター機関としてのICAOとE機関の活動は，信念を持って行動するキーパーソンによって支えられているという。両機関においてこのようなキーパーソンは，トップマネジメントにも影響を持ちうるミドルマネジメント層であった。例えばE機関のキーパーソンであったX氏は，ビジョンをもってPBN普及活動に取り組んでいた（J氏）。

　　【J氏】［X氏］は，（PBN導入）の背景にある強い推進力でした。〈中略〉彼は1995年か1996年に，（PBN関連）ウェブサイトを立ち上げました。〈中略〉彼はまた，［PBN導入支援のためのソフトの1つ］を導入しました。［X氏］は知識源でもありました。なぜなら彼は，学生時代からFMS [16] を扱っていたからです。彼は自分の周りに専門家を集めました。〈中略〉［X氏］はオピニオンリーダーでもありました。〈中略〉［A（コンピュータ・ソフト名）］も（彼が主導した）。彼はそのための資金を調達しました。［B（コンピュータ・ソフト名）］も［X氏］の功績の1つです。［C（コンピュータ・ソフト名）］も。その前には，座標変換用ツールの責任者でした。

　このように，X氏は，PBN普及のための様々な活動を主導した。これらの活動にはいずれも予算措置等のリソース確保が必要であるが，これらは，決裁権を持つトップマネジメントに対するX氏の影響力があったからこそ実現したのである。

---

16 FMS（flight management system: 飛行管理システム）は，航空機に搭載されるコンピュータ・システムであって，航法等の機能が集約されたものをいう。

5.2.6.　試行錯誤を通じた向上

　面接調査においては，移転された知識の実際の使用と，知識使用に関する制度・ルール制定の順序についても質問した。これは，先に知識の使用すなわち向上段階，次に知識のルーチン化すなわち統合段階が生じるというSzulanski（1996）の 4 段階プロセスが，実際の知識移転事象を正確に反映したものであるか否かを検証するためである。知識の使用よりも先にルーチン化が生じるのではないかとの疑問が，先行研究レビュー中に生じたからである（第 2 章 2.1.9 項参照）。

　結論を先取りすれば，データ分析結果は，向上段階と統合段階がループ的関係にあることを示している。

　まず，知識使用がなされて次にルーチン化が生じるというSzulanski（1996）のプロセスを支持するコメントとして G 氏は，「本来は実践が先でその次がルール作りだと思う」と述べている。実際，G 氏の属する国においては，航空交通ルールが，その正式制定に先立って，運航者向け周知用刊行物である航空路誌[17] において公示（publish）され，その公示内容が事実上のルールとして扱われたという。

> 【G 氏】（当時）私の仕事は，航空路誌を作ることでした。私の国にはまだ航空路誌がなかったので。当時私の国には航空に関する一切の法律がありませんでした。ですから私の仕事は，法令の条文を作ることではなく，航空路誌を作ることでした。そして航空路誌が，基本的規則として使われたのです。

　ただし G 氏は，「知識の使用による新技術の導入とルール策定は『鶏と卵』の関係であり，どちらが先か一概にはいえない」とも述べている。

> 【G 氏】通常，私の仕事では，ルールは実践の後にくるものです。例えば，人が泳ぐことを考えると，泳ぎ方を知らない 10 人が川に入ったとして，溺れる人もいるでしょう。早く泳げる人も，遅くしか泳げない人も。そこで私たち

---

17 航空路誌（AIP: aeronautical information publication）は，ICAO 加盟国が，国際民間航空条約に基づき，航空情報（航空機の運航に必要な情報）の公示のために発行する定期刊行物。飛行方式図を含む。

は，法や指針を作るのです。ここで，この方向に，そして速すぎず，こんな感じで泳ぎなさい，と。ですから，ルールは実践の後にくるのです。PBN に関しては，ICAO によれば，（ルールも運用も）両方同時に必要とのことです。しかし，安全マネジメント制度の導入に関しては，そうはなっていません。時によっては，「鶏と卵」のような関係です。

I 氏は，実践が先で次にルールの制定に進むと述べ，同時に，ルールも重要だとしている。

【I 氏】　私たちにとって多くの場合，先に実践，そしてはじめて，私たちの行為を定める規則の必要性に気付くのです。〈中略〉しかしながら，ルールなしで事を行うのは困難です。なぜなら私たちは，自らの責任をもって，意思決定しなければならないからです。規則があれば，少なくとも，自らの行為が正しいのか悪いのかをチェックする手段を持つことになります。〈中略〉規則なしでは，（業務の結果に）バラつきが生じます。各人異なるやり方に則ってしまいます。

　飛行方式設計関連業務に関して，ルールがなくとも何らかの作業は可能だというのである。ただしその状態では，業務の標準化がなされない等の非効率の問題が生じるので，段階的にルールを整備し，徐々に効率化するという手順が適用される。すなわち，知識の使用の成果によるフィードバックに基づき，継続的にルーチンの修正がなされる。
　一方 N 氏は，政府機関として何かを実行する場合，先にルールを作る必要があると述べると同時に，その順序が理想であるがそのとおりにならないことが多いとも指摘している。この場合，正式なルールを制定する前に何らかの形で新しい知識を実際に使用することになる。しかし，ただやみくもに運用を開始するわけではない。航空分野において新技術を導入する際，何らかの形で評価試行運用を行って問題がないことを確認した後に正式運用に移ることが多く，前述のとおり日本も，PBN 正式導入に先駆けて複数回にわたる評価試行運用を実施している。すなわち，最初に，問題や失敗があってもリスクの少ない試行を行い，また，何らかの支障が発見された際にはこれを修正し，段階的に完成形に近づけるというものである。N 氏によれば，こ

れは医学界における新薬導入時の臨床試験に類似しているという。

【N氏】　理想形としては基準（ルーチン）制定が先です。わが国における PBN
　　導入の場合，基準制定と導入を並行して行いました。これは，最短で最高の
　　便益を出すためです。先に実践ということもあります。例えば，「試行運用」
　　をして，それから正式運用ということも可能です。その例が，過去の［試行
　　運用プロジェクト名2件］です。最初は，何かあっても危険の少ないすなわ
　　ち失敗が許容される到着経路を，障害物のないところやレーダー監視下で運
　　用し，次に，低高度の進入方式へと展開するのです。医学における動物実験・
　　臨床試験と同じと考えます。

　新薬のような全く新しい技術でなく，他国においてすでに確立している技
術の移転においても，試行錯誤は必要である。その理由として K 氏や N 氏
は，知識の送り手と受け手の間で知識を使用する環境が異なるからだと述べ
ている。

【K氏】　非公式情報源から入手した情報は吟味する必要があります。個別事例
　　はその状況に固有の事例だからです。ある状況においてある方法がうまく機
　　能したからといって，それが他でもうまくいくとは限りません。ですから，
　　その方法を自分たちに適用した場合に本当にうまく機能するか，吟味しなけ
　　ればなりません。

　飛行経路の場合，地形等の外部環境が異なれば，他国の経路の形態をその
まま採用するわけにはいかない。また，組織内部の規則や組織構造が異なる
場合も，知識の修正が必要である。
　このように，ルーチンの完成には知識の使用を通じた試行錯誤が必要であ
るし，試行錯誤的な運用を行うためにも，何らかのルーチンが必要なのであ
る。すなわち，データ分析結果は，移転された知識の使用とルール作り，す
なわち向上段階と統合段階が，ループ的な関係にあることを示しているので
ある。

5.3. 考察

　本節では，先行研究の知見と比較しつつ分析結果に関して考察する。その際，第4章において論じた実践コミュニティに関する考察を統合し，知識移転において実践コミュニティが果たす機能についても考察する。

5.3.1. PBN 導入に必要な知識の特徴

　PBN を導入するために各組織が移転している知識の特徴は以下のとおりである。

　第1に，PBN 導入には形式知と暗黙知（Polanyi, 1983）の双方が必要である。例えば PBN マニュアル（ICAO, 2013）のような公式文書が形式知移転の媒体として広く活用されている一方で，PBN 飛行経路の設定等の専門技能の遂行には様々な暗黙知も必要となる。このため，JICA（Japan International Cooperation Agency：独立行政法人国際協力機構）等の ODA 機関が派遣する専門家による OJT（on-the-job training）支援を通じ，密な技術移転がなされていた。

　第2に，移転対象となった形式知にも，公式文書等に収録されるような知識と，通常は公開されていないような形式知の双方が存在している。公式文書にはないノウハウを記した図書（例えば，中西，2013a）も存在するが，各組織が各種セミナー等を重要な知識移転機会と位置付けている事実は，文献だけでは十分な知識が得られないという特徴を示唆しているといえよう。

　第3に，PBN 導入に際しては，「メタ知識」すなわち知識に関する知識も移転されていた。例えば G 氏は，「ICAO 文書のどのパラグラフを参照すればよいのか，インストラクターなしでは理解できない」と述べている。いい換えると，他者からの教示を通じて，このような必要知識に関するメタ知識を獲得しているのである。K 氏は，会議体参加を通じて知識の全体像を得ているとしている。同様に N 氏も，「PBN 導入に必要な知識は，文書化可能ではあるが難解かつ膨大」と述べている。このような知識の特徴が，PBN 導入に際し，インフォーマルネットワークを含む人対人コミュニケーション

を通じた知識移転が必要とされる理由であろう。

5.3.2.　知識移転におけるプラットフォームの機能

　分析の結果，知識移転においてプラットフォームが果たす機能と，その重要性が再認識された。すなわち，知識移転のプラットフォームの機能として，知識の送り手と受け手をつなぐ紐帯形成機能，当該紐帯の存続を促す紐帯維持機能，及び，多数の組織間における知識共有機能の各機能が抽出された（5.2.4 項参照）。

　一方，第 2 章（2.1.7 項）で述べたとおり，先行研究においても，プラットフォームの機能（例えば，平野・ハギウ, 2010；國領, 2011）や「場」の機能（例えば，Nonaka & Takeuchi, 1995）に関してすでに検討がなされている。そこで表 5.6 のとおり，本研究の発見したプラットフォームの機能を，これらの先行研究の示すプラットフォーム及び「場」の機能と対比させた。なお，「場」は，その定義上，プラットフォームを母体とする「関係性」であってプラットフォームそのものではない。また，「場」は，知識の移転や創造というより狭い対象を説明する概念であるという点でプラットフォーム一般とは異なる。しかしながらここでは，「場」の機能の一部がその母体であるプラットフォームに依拠すると考え，「場」の機能をプラットフォームの機能に含めて記載した。また，各機能間は相互に関係しあい，あるいは重複しているため，機能間の完全な対応付けは困難であることに留意されたい。

　本研究が明らかにしたプラットフォームの機能のうち，紐帯形成機能及び知識共有機能は，プラットフォーム論及び「場」論の先行研究の主張を支持するものである。

　國領（2011）のいう信用機能，すなわち，つながった当事者同士の信頼関係形成を助ける機能に相当するものとして，本研究では正統性付与機能が見出された。なお，当該機能は，プラットフォームそのものの機能ではなく，これを運営するプロモーター機関に帰するべきものと考えられるが，このプロモーター機関の機能については後述することとしたい。

表 5.6 ● プラットフォームの機能に関する比較

知識移転のプラットフォームの 機能（本研究）	プラットフォームの機能 （先行研究）
・紐帯形成機能	・探索機能（國領，2011） ・マッチング機能，検索コスト削減機能，外部ネットワーク機能，三角プリズム機能（平野・ハギウ，2010）
・紐帯維持機能	（該当なし）
・知識共有機能	（「プラットフォーム」を母体とする関係性としての「場」の機能） ・共同化（Nonaka & Takeuchi, 1995） ・連結化（Nonaka & Takeuchi, 1995）
・（プロモーター機関の正統性付与機能）	・信用機能（國領，2011）
（知識移転とは直接関連なし）	・経済価値評価機能，標準的取引手順機能，費用構造変換機能（國領，2011） ・コスト削減機能（平野・ハギウ，2010）

　ところで，分析の結果，知識移転のプラットフォームのもう1つの機能として，紐帯維持機能が発見された。紐帯の形成に関しては先行研究によって深く分析されている。例えば Mitsuhashi & Greve（2009）は，組織間ネットワークにおける紐帯形成要因として，行為者間の市場補完性・資源融和性の高さを挙げている。しかし，これらの要因が形成後の紐帯の存続に対して与える影響については検討していない。

　一方，先に述べたとおり，紐帯存続の検討は紐帯形成と同様またはそれ以上に重要であると考えられる。なぜなら，第1に，形成条件とは異なる存続条件が存在するからこそ存続し続ける紐帯と消滅する紐帯の差が生じると考えられる。第2に，知識の陳腐化が激しく（Ghoshal & Bartlett, 1997），継続的な知識獲得が不可欠とされる現代において（Kogut & Zander, 1992），知識移転経路となる紐帯の維持存続は，紐帯の一過的な形成以上に重要である。そして第3に，実践上，紐帯維持は紐帯形成よりも効率的に実施しなければならない。なぜなら，社会インフラの維持管理と同様，既存のものの維持というテーマは，マネジメントの関心訴求や予算等のリソース獲得が容易ではないからである。

　また，紐帯の形成は個人や一組織の活動としてある程度可能であるが，その維持はプラットフォームに負うところが大きい。その点は，会議体参加をやめると紐帯が消失してしまうとＪ氏が強調していたとおりである。本紐帯維持機能は継続的な知識移転を促す重要な要素でありながらこれまで見過ごされていたものであり，その発見は本研究の理論的貢献であるといえよう。

　なお，表5.6 に示されたプラットフォームの機能のうち，経済価値評価機能，標準的取引手順機能及び費用構造変換機能（國領，2011）並びにコスト削減機能（平野・ハギウ，2010）は，主としてネットオークション等のプラットフォームビジネスを通じた商取引に関連する機能であって，本研究が扱う知識移転プラットフォームには該当しないため，説明を省略する。

5.3.3.　プラットフォームが有効に機能するための条件

　前述のとおり，全てのプラットフォームが有効に機能しているわけではない。例えば，自組織の利益を強く主張する参加者によって構成される会議体においては知識移転が活発化しない。このような利益誘導型の会議においては，送り手が十分な動機付けを持たず，知識が抱え込まれ，その提供が進まないものと考えられる（Chang, Gong & Peng, 2012；Gupta & Govindarajan, 2000；Szulanski, 1996）。また，目的があいまいもしくは遠大な会議体においても知識移転は活発にならない。あいまいまたは遠大な目的は受け手の動機付けの低下を招き（Galbraith, 1990；Gupta & Govindarajan, 2000；Simonin, 1999, 2004；Szulanski, 1996），議論の活溌化を阻害すると考えられる。

　このような事実から，知識移転のプラットフォームが有効に機能するための条件として，成員間の互恵的な関係や，具体的かつ達成可能な目的を挙げることができる。先行研究においても，遠山・野中（2000）が，よい「場」の条件として，①独自の意図，目的，方向性，使命等を持った自己組織化された場所であること，②参加者のコミットメントがあること，③参加者が直接経験することができる場であること，④境界が開かれていること，⑤異種混合が行われること，及び，⑥即興的な相互作用が生じることを挙げてい

る。

　本研究の見出したプラットフォーム成功条件のうち，互恵的関係は，上記
②の参加者コミットメントに通じるものであり，また，具体的かつ達成可能
な目的は，上記①の意図，目的，方向性，使命等と共通している。このよう
に，本研究の発見事実は先行研究の知見を支持しているが，プラットフォー
ム成功の条件に関しては十分なデータを得たとはいえず，さらなる検討が必
要である。

5.3.4.　プロモーター機関の機能

　次に，プラットフォームの運営者としてのプロモーター機関，すなわち，
ある組織から別の組織への知識移転を促す外部第三者組織の重要性が示され
た。プラットフォームには運営者が必要であり，その運営者は公的第三者で
あることが有効なのである。

　プロモーター機関は，第1に，各種プラットフォームや文書等，知識移転
の媒体を提供する媒体提供機能を果たしていた。また第2に，プラット
フォームやその所産に対して正統性を与える正統性付与機能を果たしてい
た。例えば，PBNに関する同じ内容の文書がICAOの文書として発行され
ることによって正統性を獲得し，PBNが急速に普及することとなった。ま
た各国は，プロモーター機関であるICAOが付与した正統性を積極的に利
用し，PBN導入を推進していた。そしてプロモーター機関は，第3に，知
識移転に必要なリソースを提供するリソース提供機能を果たし，具体的に
は，専門家派遣，研修招聘等，知識移転に必要な活動等への人的・資金的援
助を行っていた。

　先行研究中，プラットフォームの機能としては，國領（2004）が，成員間
における共通言語の提供，成員相互間の信頼関係の構築，及び誘因がはたら
く構造の提供を挙げている。例えば，ネット上の直接商取引よりもプラット
フォームたるネットオークションサイトを通じた取引が主流となりつつある
状況は，プラットフォームによって付与される信頼の重要性を示唆するもの
だという。しかしながら上記機能のうち少なくとも信頼関係の構築は，プ

ラットフォームよりもむしろこれを運営する公的プロモーター機関の機能というべきである。すなわち，PBN に正統性を与えたのは，プラットフォームたる各種セミナーや会議体ではなく，これらを運営する ICAO なのである。PBN の根幹となるべき技術や概念は米国及び欧州において開発されてきたものであるが，米国や欧州ではなく ICAO がお墨付きを与えたからこそ PBN は正統性を獲得し，急速に世界に広まったのである。

このように，プラットフォーム運営者であるプロモーター機関の果たす役割は重要であると考えられるが，國領（2004, 2011）は，誰がまたはいかなる機関がプラットフォームを運営するべきかについて，あるいは，運営者・機関の性質がプラットフォームの機能に与える影響について考察していない。野中・紺野（1999）も，「場」の重要性やこれが知識創造において果たす役割について詳細な検討を行っているものの，運営者との関係には言及していない。

一方，本研究は，國領（2004）のいう信頼を，成員相互間の信頼だけでなくプラットフォーム上で構築された所産に対する信頼にまで拡張し，また，その信頼の源泉がプラットフォームそのものではなく公的第三者であるプロモーター機関にあることを明らかにした。同様の考察として遠山・野中（2000）は「場」の活性化を主導するリーダーシップに関して検討を行っているが，本研究は，個人たるリーダーの行動ではなくプラットフォームを運営する機関の属性に注目した点において，当該研究とは異なる視角を提供するものである。このようなプロモーター機関の役割とその重要性の発見は，先行研究の知見を一歩進めるものであり，本研究の理論的貢献であるといえよう。

5.3.5. プロモーター機関におけるキーパーソンの役割

さらに分析の結果，プロモーター機関の活動を主導するキーパーソンの存在が明らかになった。ICAO や E 機関においては，信念を持ったミドルマネジメントたるキーパーソンが，関係組織間の知識移転を促す仕組みの構築に貢献していた。キーパーソンは，トップマネジメントのコミットメントを

引出し，予算獲得に奔走し，プラットフォームその他の仕組みの構築に努めていた。X氏のようなキーパーソンがいなかったならPBNはここまで急速に普及しなかったであろうし，そもそもPBNが世界共通の仕組みとして認知されるに至らなかったかもしれない。

　知識移転論の先行研究においても，ブローカー（Wenger, 1998），ゲートキーパー（Allen & Cohen, 1969），トランスフォーマー（原田, 1999）等，知識の移転・共有において中心的な役割を担う者の存在が指摘されてきた。また，政府・NPO・企業の間の協働において，協働アクティビストとよばれる個人の存在が重要であることが指摘されてきた（小島・平本, 2011）。

　航空分野における知識移転においても同様のキーパーソンの役割が重要であることが再確認されたが，これはすなわち，協働アクティビスト（小島・平本, 2011）に相当する個人が，政府・NPO・企業の間の協働以外の協働形態においても重要な役割を果たすことを明らかにしたものである。

5.3.6.　知識移転の向上段階と統合段階の関係

　Szulanski（1996）が提唱する知識移転の4段階プロセスは，創始，実施，向上及び統合の各段階に従って知識移転が進行するとしている。このモデルによれば，組織は，移転の結果獲得した知識の使用を通じて成果を上げた後にルーチンを形成するとされる。すなわち，向上段階の後に統合段階に至るものというのである。ルーチンが形成される上で，知識の使用を通じた修正すなわち再生産（Attewell, 1992；Foss & Pedersen, 2002）が必要だと考えるためである。

　一方，本研究のデータ分析結果は，向上段階と統合段階が，このような一方通行的な関係ではなく，ループ的な関係にあることを示している。ルーチンの完成には知識の使用を通じた試行錯誤が必要であるし，試行錯誤的な運用を行うためにも何らかのルーチンが必要なのである。「ルール作りと実践は鶏と卵の関係である」とのG氏のコメント，あるいは，試行運用から正式運用へと知識使用の成果によるフィードバックに基づき継続的にルーチンを洗練させる必要があるとのN氏のコメントは，このループ的関係の存在

を支持している。

　そこで，上記発見に基づき Szulanski（1996）の 4 段階プロセス（図 2.1）の一部を修正したものが，図 5.2 に示した修正版知識移転プロセスである。

　すなわち，知識受容後，まず初期値としてのルーチンが形成され，次に，徐々に成果が上げられる中で，その成果に対するフィードバックに基づき当該ルーチンが反復的に修正されるのである。

　知識の使用に先立つ初期値としてのルーチンの必要性は状況によって異なるが，本研究のデータからは，特に次の 2 つの場合において先行的ルーチン形成が必要であることが示唆される。第 1 に，主体が国や公団等である場合である。これらの組織は，自らの行動に対して説明責任を果たすことが求められるため，知識の正式使用に先立ち何らかの初期ルーチンすなわち暫定ルールや仮の指針を策定する必要がある。第 2 に，航空分野や医療分野のように失敗時のリスクが大きいような場合である。このような分野においては試行運用や臨床試験等が行われることが多いが，これらの行為に先立ちルーチンが形成されるのである。ただしいずれの場合も，当初形成されるのはあくまで初期値としてのルーチンまたは仮のルーチンであり，試行運用等を経てルーチンが安定的な状態に至る点は，民間営利企業等の場合と変わらない

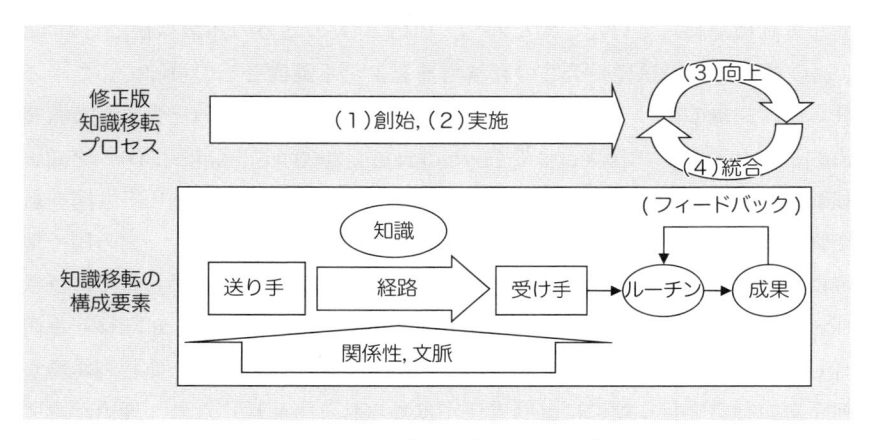

図 5.2 ● 修正版知識移転プロセスと構成要素

のである。

　実データに基づく考察から導出された修正版知識移転プロセスは，知識移転をより現実に即した形で表現するものであり，本研究の理論的貢献であるといえよう。

5.3.7.　非営利組織による知識移転の特徴

　本研究では，民間営利企業に加え，国や公団といった非営利組織をも調査対象としたが，ここで，双方の知識移転の特徴について比較したい。

　得られたデータによれば，営利企業及び非営利組織それぞれによる知識移転は，プラットフォームすなわち会議体を活用して知識を移転しているという点，及び，プラットフォーム運営機関の役割が重要となる点において共通していた。また，知識移転プロセスにおいて向上段階と統合段階が相互作用的な関係にある点も，程度の差はあっても両者に共通していた。

　一方，非営利組織による知識移転の特徴すなわち営利企業の場合との相違点としては，以下が抽出された。

(1)　受け手組織におけるインセンティブの欠如

　非営利組織は，受け手として，知識移転に対して民間営利企業の場合とは異なる動機を持っていた。すなわち，PBN 導入のための知識移転において，ICAO の方針への追従や公共の利益増進を主たる動機として挙げていた。これらは，知識の受け手としての民間営利企業が，自社利益の拡大すなわち経済的インセンティブ（Gupta & Govindarajan, 2000；Simonin, 2004）を知識移転の動機としているのと対照的である。実際，PBN を導入しても国や航空管制業務提供機関が受ける直接の利益は少ないのであるが，一部の国や地域においては，このような利益構造が知識移転に向けた受け手としての意欲（Pérez-Nordtvedt et al., 2008；Simonin, 2004）を低下させ，知識移転を阻害している可能性がある。また，国や公団，公益法人のような非営利組織が何らかの行為を行う際には説明責任が求められる（N 氏）ため，理由が説明できなければ知識移転も行えない。すなわち，知識移転の実施に対して逆イ

ンセンティブが存在することもあるのである。

　受け手組織における経済的インセンティブの欠如と説明責任の必要性は，非営利組織が知識移転を進める上で，プロモーター機関である ICAO の正統性付与機能が一層重要となる理由になっていると考えられる。各国は，ICAO が求めるがゆえに，また，ICAO が求めるからこそ，PBN を導入するのである。

　さらに非営利組織の場合，受け手としてのインセンティブの欠如は，組織レベルのみならず個人レベルにも存在している。今回の調査においても，率先して活動することにインセンティブを見出せない職員が多いとのコメントが出されていた。知識移転を含む各種タスクへの積極的な関与やその成果が個人の評価につながらないような人事考課制度となっているためである。このような成員によって構成される非営利組織が知識移転を推進するためには，信念を持ち，自らのリソースを進んで投じて組織をリードするキーパーソン，すなわち，協働アクティビスト（小島・平本, 2011）のような人物が必要となるのであろう。E 機関において PBN 普及を先導した X 氏（5.2.5 項参照）は，そのようなキーパーソンの例である。

(2) 送り手組織におけるインセンティブの欠如

　送り手が民間企業である場合，子会社や戦略的パートナー企業に対して知識を移転するのは，送り手側にも何らかの経済的インセンティブがあるからである。Gupta & Govindarajan（2000）も，送り手の経済的インセンティブの欠如は知識移転を妨げると述べている。

　一方，本研究のデータからは，この主張に合致しない結果が得られた。本研究の分析対象となった非営利組織は，直接の経済的インセンティブがないにもかかわらず，知識の送り手として積極的に知識移転に関与していた。

　その積極的な知識提供の理由として，将来の競合可能性（Simonin, 2004）の低さを挙げることができる。航空分野において各国は競合関係にあるわけではなく，知識の外部移転による損失も少ないのである。また各国は，他国と互恵的関係構築を意図して知識を提供していると説明することもできる。

知識提供を通じて，いずれ自らが別の知識を必要となった時にこれを得やすくするためだとも考えられる。ただし，将来の知識獲得をふまえた他組織との互恵的関係構築は非営利組織に限ったことではなく，民間営利企業にとっても重要な戦略となるであろう。

(3) トップマネジメントの頻繁な交代の影響

　非営利組織による知識移転に関する第3の特徴として，トップマネジメントの頻繁な交代が知識移転を阻害しているという点が挙げられる。トップマネジメントが交代すると組織の方針が変更されることが多い。また，ミドルマネジメントや担当者は，一旦合意が得られた方針に対する新トップマネジメントの同意やコミットメントを再度引き出すために，再度説明を行う等リソースを再投入しなければならない。

　Zander & Kogut（1995）は，担当者の頻繁な交代が知識移転を妨げると述べているが，本研究のデータによれば，担当者だけでなくトップマネジメントの頻繁な交代も知識移転を阻害しているのである。日本における官庁や民間企業の人的資源管理に関する特徴の1つに，頻繁かつ幅広い異動が挙げられる（例えば平野, 2006）。もちろんそのメリットがあってのことではあるが，知識移転の観点からは，異動やトップ交代のあり方についてあらためて検討する必要があるのではないだろうか。

5.3.8.　知識移転における副次的コミュニティの機能

　前項まで，データ分析結果から知識移転に関して考察してきた。一方，先に第4章においては，実践コミュニティに関する考察を行い，公式コミュニティと互恵的関係にある副次的コミュニティを発見し，その機能について考察した。ここで，第4章と本章の考察を統合することを通じて，PBN導入のための知識移転において副次的実践コミュニティが果たしている機能に関して考察したい。

　組織は個人の学習を介して外部知識を獲得する（March, 1991；March & Olsen, 1976；Shrivastava, 1983；Simon, 1991）。個人の学習に関しては，飛

行方式設計分野の場合，飛行方式設計者の学習を促した経験種別（表 4.1）のうち，組織外部からの知識獲得に対応するものとして，「訓練」のうち組織外部にて参加するもの，「他組織との協働」，「会議体参加を通じた学習」等が該当した。そしてこれらのうち，会議体参加を通じた学習，特に，副次的コミュニティにおける学習が重要なのであった。

　以上のことから，非公式コミュニティの一種である副次的コミュニティへの参加は，個人による学習への寄与を通じて，組織レベルでの知識移転を促すと考えられる。この点は，有用な情報が非公式なつながりを通じて移転されるという Powell（1990）の主張にも合致する。

　副次的コミュニティがその基盤となる公式コミュニティとともに知識移転を促すメカニズムに関しては，両コミュニティ間の互恵的関係（第 4 章 4.3.2 項参照）に基づき，以下のような考察が可能である。すなわち，公式コミュニティが非公式コミュニティに対して集合の機会を提供する機会提供機能は，成員間の紐帯維持を促し，知識移転の機会拡大を促す。会合で定期的に顔を合わせるからこそ紐帯は維持され，かつメール等よりも豊富な知識が移転されるのである。また，非公式コミュニティに対する題材提供機能は，未知の領域に関する知識を参加者に提供することを通じて移転対象知識の領域を拡大させる。一方，副次的コミュニティが持つ公式コミュニティへの帰属意識向上機能は，成員間の親密感の向上を通じて知識移転のための紐帯形成及び維持を促すと考えられる。

　このように副次的コミュニティと公式コミュニティは，それぞれの機能を発揮することを通じて組織間の知識移転を促すと考えられる。実践コミュニティが知識移転を促すとの主張は Roberts（2006）によってすでになされていたところであるが，本研究の分析結果は，その主張のメカニズムを説明するものであるといえよう。

5.4.　まとめ

　本章においては，PBN（性能準拠型航法）の導入・普及を題材に，航空

分野における新技術導入に係る知識移転の経路，そして，当該知識移転経路の形成及び維持におけるプラットフォームの機能に関して検討した。その結果，知識移転を促すプラットフォームの機能，及び，プラットフォーム運営におけるプロモーター機関の機能を明らかにした。また，得られたデータに基づいて修正版知識移転プロセス（図5.2）を提案した。

　ここでの理論的貢献としては，第1に，プラットフォームが，知識移転経路となる紐帯の形成機能に加え，紐帯維持機能を果たす事実を明らかにした点が挙げられる。紐帯の存続に関してはすでに，相手の能力（Mariotti & Delbridge, 2012）やステータス（Benjamin & Podolny, 1999），既存の紐帯密度や資源融和性（Greve et al., 2010），並びに市場環境（Greve et al., 2010）が規定因として指摘されているが，これらはいずれも当事者にとって介入困難なものである。一方，プラットフォームの紐帯維持機能は，当事者にとって介入可能であるという点で，これまで論じられてきた要因とは性質を異にするものである。すなわち，プラットフォーム運営者は開催頻度の調整，社交的な雰囲気の醸成等を通じて，また，プラットフォーム参加者は参加するプラットフォームの選択，意識的な出席と交流等を通じて，それぞれ主体的に参加者間の紐帯維持を促すことが可能なのである。そして，紐帯存続の検討が紐帯形成と同様又はそれ以上に重要である点は，先に述べたとおりである。

　第2の理論的貢献は，プロモーター機関の正統性付与機能の発見である。すなわち，プラットフォーム及びその所産は，第三者たる公的プロモーター機関によって正統性を付与されていたのである。

　第3の理論的貢献として，知識移転プロセス中の向上段階と統合段階がループ的な関係にあることを示し，その上で，Szulanski（1996）の4段階プロセスを一部修正し，修正版知識移転プロセス（図5.2）を提案した点が挙げられる。

　これらの発見から得られる実践的含意・サジェスチョンは以下のとおりである。第1に，知識移転経路となる紐帯の維持のために外部プラットフォームを積極活用すべきである。これにより企業は，個別に紐帯を維持しようと

するよりも効率的に紐帯を維持可能となるであろう。プラットフォームの紐帯維持機能は，当事者にとって介入可能な要素であるという点でも実務上の価値は高い。また，個々のプラットフォーム参加者だけでなく，プラットフォーム運営者も，開催頻度の調整，社交的な雰囲気の醸成，インフォーマルな場の設定等を通じて，プラットフォーム参加者間の紐帯維持を支援すべきである。

　第2に，公的第三者によるプラットフォームの運営が挙げられる。すなわち，プラットフォームにおいて特に正統性が必要とされる場合には，その必要性に応じたステータスを持つ組織，特に公組織等によりこれを運営させるか，公組織的性格を持つプラットフォーム運営機関を設立すべきである。これらの方策を通じて，プラットフォームの活動や所産の正統性がより高まるからである。

　このように，本研究は，プラットフォームが知識移転において果たす機能に関して多くの事実を明らかにした。しかしながら，それらの発見を確証する上で十分なデータが得られたというわけではない。そこで次の第6章において，プラットフォームと知識移転の関係に関して，また，第4章の宿題である実践コミュニティ活性化に関して定量分析を行う。

第6章 実践コミュニティを通じた知識移転

　第2章において，先行研究のレビューを通じて「いかなる要因が実践コミュニティを活性化するのか（RQ3）」との問いを立てた。知識移転において実践コミュニティが重要であるならば，実践コミュニティの活性化は知識移転を促進する上で重要な課題となるからである。前章までの議論を通じてRQ3に関して一定の答えを得てきたところではあるが，本章では，定量研究によりさらに議論を進めることとしたい。

　このため，第1に，副次的コミュニティを活性化する要因を定量的に分析する。すなわち，先行研究が示した知識移転促進要因が，直接的に知識移転に作用するのではなく，実践コミュニティの活性化を通じて知識移転に寄与すると予想し，その仮説を検証する。第2に，副次的コミュニティが知識移転に与える影響を分析する。知識移転に対して非公式なつながりが果たす役割（Powell, 1990）を考慮すれば，非公式コミュニティこそが知識移転において有用となるはずである。そして，非公式コミュニティ中，特に副次的コミュニティは，公式の場であるプラットフォームと深い関係にあるというその本質ゆえ，プラットフォーム特性と知識移転の関係を分析する上で最適な対象といえる。また，組織学習と個人の学習の関係に係る実証研究は少ない（Tsang, 1997）といわれる中で，このような課題への対応もねらう。

　分析モデルに含まれる変数のうち，副次的コミュニティの活発度に影響を及ぼす要因として，コミュニティ成員の業務タスク特性，成員の所属組織特性，及び，副次的コミュニティの存在基盤となる会議体すなわちプラットフォームの特性を取り上げる[1]。具体的には，個人の業務のタスク特性とし

1　プラットフォームは会議体等の「しくみ」，一方の副次的コミュニティは当該仕組みの中に位置する人々の集団であって，両概念は区別される。これにより，分析モデルにおいても，両者に係る異なる構成概念が組み込まれている。

て越境依存度及びタスク変化度を，個人が所属する組織の特性として保護主
義度を，プラットフォーム特性として目的明瞭性及び公益性を取り上げる。
各構成概念の詳細及び抽出理由等については後述する。

6.1. 仮説

　ここでは本定量分析の作業仮説を示す。各仮説は，国際航空分野におい
て，新技術に関する知識が，各種越境型会議体に付随する副次的コミュニ
ティを通じて移転されているという予想に基づくものである。また，先行研
究によって明らかにされた知識移転促進要因が，非公式副次的コミュニティ
の活性化を通じて知識移転に寄与するとの予想にも基づいている。これらの
予想は，前章の発見事実から導出されたものである。

　作業仮説全体を示したモデルは図 6.1 のとおりである[2]。以下，次項以降
において，各仮説について説明する。これらの仮説のうち H1 は，実践コ
ミュニティが知識移転に及ぼす影響に関するものである。本仮説の検証は，
実践コミュニティ活性化の要因に関する問いである RQ3 が意味を持つもの
となるための前提となるものである。そもそも実践コミュニティが知識移転
に影響を及ぼさないのであれば，知識移転論において実践コミュニティ活性
化を論じる意味もなくなるからである。一方，H2a/b から H6a/b の各仮説
は，各要因が実践コミュニティ活性化に及ぼす影響を検証するものであり，

2　分析モデルには当初，「競合度」及び「非零和度」が構成概念として組み込まれた。これらの構
　成概念は，実践コミュニティに係る定性研究における，当事者間の利益が競合しない産業構造
　が越境型副次的コミュニティを活性化させる環境要因となるとの発見事実を検証するためのも
　のである（第 4 章 4.3.3 項参照）。なお，これらのうち非零和度は，プラットフォーム参加組織間
　の利得構造が零和でない，すなわち，Win-Win の関係になる可能性がある程度を示す構成概念
　である。各組織が競合関係にあっても，協調行動によって全体のパイすなわち利得総和を拡大
　させることが可能なとき，非零和度は高い。このように，競合度と非零和度は，異なる構成概
　念である。
　　しかしながら今回の研究においては，競合度及び非零和度と，副次的コミュニティ有効感及
　び知識移転実感の間に有意な関係を見出すことはできなかった。また，これらの構成概念の投
　入により，モデル適合度指標が低下する結果となった。このため最終的にこれらの構成概念を
　分析モデルから除外することとした。競合度及び非零和度が知識移転に及ぼす影響の検討に関
　しては，今後の課題としたい。

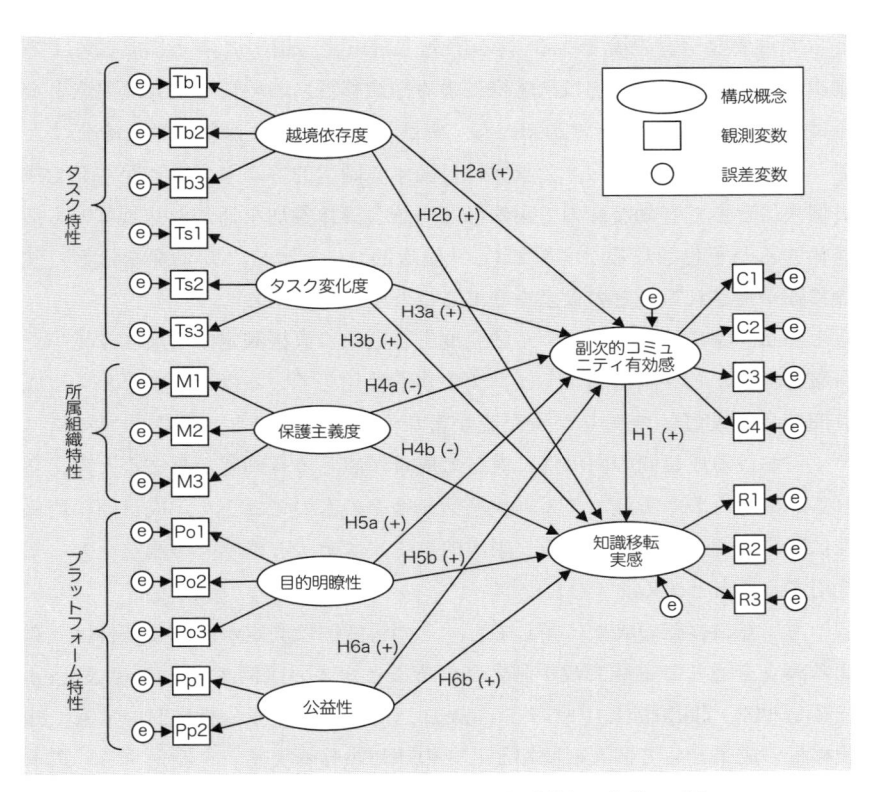

図6.1 ● 実践コミュニティを通じた知識移転：作業モデル

まさに RQ3 に答えようとするものである。各仮説において適用される構成概念に関しては後述する。

6.1.1.　知識移転に対して副次的コミュニティが及ぼす影響

　第4章は，国際航空分野での個人の学習において組織外の会議体への参加が重要な役割を果たしている事実を明らかにした。特に，会議体に付随する非公式な副次的コミュニティへの参加が重要な学習機会となっていた。

　組織は個人の学習を通じて学習する（March, 1991；March & Olsen, 1976；Shrivastava, 1983；Simon, 1991）。また実践コミュニティは，個人に

とって重要な学習の場である（Bourhis & Dubé, 2010）。ゆえに成員による副次的コミュニティ参加は，組織による知識移転においても重要な要素となるはずである。Roberts（2006）も，実践コミュニティは知識移転を促すと述べている。これらから，会議体に付随する副次的コミュニティが活発で成員個人にとって有効なものであるほど当該会議体参加を通じた知識移転も活発化すると予想される。すなわち，「副次的コミュニティが活発なほど，知識移転が促される」との仮説を立てることが可能である。

ただし，副次的コミュニティ活発度を客観的に直接測定する尺度は見当たらない。しかし，副次的コミュニティが活性化しているほど，すなわち，成員間関係が友好的でありかつ交流が密なものであるほど，副次的コミュニティにおける成員間の関係性に対して成員が感じる有効感が高まると考えられる。このため，実践コミュニティ活発度そのものではなく，成員間の関係性に関する個人の認知である「副次的コミュニティ有効感」の測定をもって代用することとする。

一方，知識移転の成果に関しても，その客観的な測定が困難な場合は，質問紙調査を通じて主観変数が測定されることが多い（例えば，Foss & Pedersen, 2002；Galbraith, 1990；Tushman, 1977）。本定量分析においても，知識移転の成果として個人の認知としての「知識移転実感」を測定する。以上のことから，次の仮説 H1 が立てられる。

　　H1：　副次的コミュニティ有効感が高いほど，知識移転実感が高まる。

6.1.2.　タスク特性

知識移転に影響を及ぼすタスク特性としては「越境依存度」と「タスク変化度」を取り上げる。越境依存度を取り上げた理由は，組織境界を越えた越境学習が重要（荒木, 2008）といわれる中で，実際に，越境性と学習の関係を実証分析するためである。また，現代においては知識陳腐化の速度が速くなっており（Ghoshal & Bartlett, 1997），業務上必要な知識の変化への対応は喫緊の課題であることから，タスク変化度の影響に関する検討も重要だと

考えられる。各特性に関連する仮説は以下のとおりである。

(1) 越境依存度

　個人のキャリア開発に関しては，組織内において専門的業務に従事する人材が，人的ネットワークを通じた能力開発を志向する意識及び行動を示す事実が明らかにされている（石山, 2011）。石山（2011）はその理由を明らかにしていないが，専門的業務においては，組織内部からだけでは必要な知識の獲得が困難なためであろう。

　同様に組織学習においても，知識の希少性が高いほど，すなわち組織学習における外部知識への依存度が高いほど，移転への動機付けが高まる（Pérez-Nordtvedt et al., 2008）。以上のことから，越境依存度が高いタスクに従事する個人ほど，越境型会議体参加を通じた知識移転への志向を強めると考えられる（H2b）。また同時に，越境依存度が高いほど，越境型会議体参加と同時に，当該会議体に付随する副次的コミュニティにおいて他の成員との良好な関係を構築しようとすると考えられる。その結果，越境依存度が高いほど，副次的コミュニティ有効感も高まると考えられる（H2a）。会議体の公式な場以上に，非公式な場を通じた知識獲得が重要だからである（Geiger & Turley, 2005；Powell, 1990）。以上の議論から，次の仮説 H2a 及び H2b が立てられる。

> H2a： タスクの越境依存度が高いほど，副次的コミュニティ有効感が高まる。
> H2b： タスクの越境依存度が高いほど，知識移転実感が高まる。

(2) タスク変化度

　タスク遂行に必要な技術や知識が変化しないような場合，組織外部からの知識取り込みを担うゲートキーパー数が多すぎると，かえって知識移転が阻害される（Tushman, 1977）。逆に，タスクの変化が速いほど，組織は外部との接点を多く必要とする。ゆえに，タスク変化度が高いほど個人は，外部知識獲得のため，会議体に付随する副次的コミュニティにおける非公式な交

流を必要する。このために他の成員との良好な関係を構築しようとし，結果
として副次的コミュニティ有効感が高まると考えられる（H3a）。また併せ
て，タスク変化度が知識移転に及ぼす影響の直接効果に関して仮説 H3b が
立てられる。

H3a： タスク変化度が高いほど，副次的コミュニティ有効感が高まる。
H3b： タスク変化度が高いほど，知識移転実感が高まる。

6.1.3. 所属組織特性

知識移転に影響を及ぼす組織特性としては，組織の「保護主義度」，すな
わち組織による外部への知識開示に対する制限の程度を取り上げる。昨今，
組織における情報セキュリティ施策は重要な課題となっているが，その適用
を誤ると組織活動の活性化を妨げかねないからである。

Simonin（2004）によれば，知識移転における送り手組織の保護主義度が
高いほど知識移転の活発さが低下するという。ただし，そのメカニズムは十
分に明らかにはされていない。例えば，Simonin（2004）は，保護主義度が
高いほど移転対象となる知識の不明瞭性が上がり，その結果として知識移転
が妨げられると予想し，その予想の検証を試みたが，有意な結果は得られな
かった。

一方，Gupta & Govindarajan（2000）は，知識移転の有効性に対して，
知識の送り手の動機付けが重要な規定因となっているとし，その動機付け要
因として経済的インセンティブを挙げている。すなわち送り手は，知識提供
にインセンティブを持つほど知識提供行動を活発化させるという。一方，組
織は，知識提供に負のインセンティブを持つ場合に保護主義度を高めると考
えられる。これらから，組織の保護主義度の高さは組織における知識開示へ
の負のインセンティブの存在を示し，このとき知識移転は不活性化すると予
想される（H4b）。

また，実践コミュニティが活性化するためには，成員間に，率先して知識
を提供し合うような「贈答的連結」が形成される必要がある（古澤，

2008)[3]。一方，所属組織の保護主義度が高ければ贈答的連結の構築は困難である。ゆえに，保護主義度が高いほど副次的コミュニティに対する有効感も下がると予想される。

　航空分野の実践コミュニティに関しては，第4章において述べたとおり，知識開示が自組織にとって損にならないような利得関係がコミュニティ活性化を促している可能性が示された。逆に，保護主義度が高いと，お互いに相手が知識を出し惜しみしていると感じ，信頼関係構築を困難にすると考えられる。すなわち，自組織の利益のために知識開示をためらうようであれば，副次的コミュニティに対する有効感は下がり，プラットフォーム参加を通じた知識移転は活発さを失うであろう。上記議論から，組織の保護主義度と副次的コミュニティ有効感の関係に関して，仮説 H4a が立てられる。

　H4a：　所属組織の保護主義度が高いほど，副次的コミュニティ有効感が低下する。
　H4b：　所属組織の保護主義度が高いほど，知識移転実感が低下する。

6.1.4.　プラットフォーム特性

　知識移転に影響を及ぼすプラットフォーム特性としては，プラットフォームの「目的明瞭性」及び「公益性」を取り上げる。目的明瞭性は運営者による介入が容易であり，その影響の分析を通じて有意義な実践的含意が得られると考えられる。また公益性は，インターネット上のショッピングモールのような営利プラットフォームと地域プラットフォーム（敷田・森重・中村, 2012）のような公益プラットフォームを区分し，プラットフォーム論の精緻化を進める上で重要な属性であると考えられる[4]。

3　「贈答的連結」とは，即座の見返りを期待しない知識提供関係をいう（吉田, 2008）。
4　なお，プラットフォームは，価値を生み出すしくみ（敷田・森重・中村, 2012）を指すものであって，人々の集団である実践コミュニティとは区別される。この点が，実践コミュニティ特性に加え，プラットフォーム特性を別途分析モデルに組み込んだ理由である。実際，下記で述べる公益性や目的明瞭性は，あくまで「しくみ」たるプラットフォームの属性であって「人々の集団」たるコミュニティの属性ではない。

(1) 目的明瞭性

　知識創造を促す「場」の議論において遠山・野中（2000）は，よい「場」の条件として明確な目的の存在を挙げている。明確な目的が共有されることで適切な方向に向けた議論に焦点が当てられ，活動が活発化するのであろう。

　また，平野・ハギウ（2010）は，有効なプラットフォームの条件として参加者間の交流の刺激や運営者による統治を挙げている。明確な目的の設定は参加者の交流の焦点化及び運営者による方向付けを促し，これらの条件の充足に寄与し，もってプラットフォームにおける諸活動を活発化すると考えられる。

　本研究においても第5章の定性研究を通じて，プラットフォームは，その目的が遠大すぎず，かつ明瞭であるほど，活発化することが示されている（第5章5.3.3項参照）。

　そして，明確な目的の共有を通じてプラットフォームが活発になれば，これに付随する副次的コミュニティも活性化し，副次的コミュニティが有効であるとの個人の認知も高まると考えられる（H5a）。また，プラットフォームの目的の明瞭さが知識移転に及ぼす影響の直接効果に関して，仮説H5bが立てられる。

　　H5a：　プラットフォームの目的が明瞭なほど，副次的コミュニティ有効感が
　　　　　　高まる。
　　H5b：　プラットフォームの目的が明瞭なほど，知識移転実感が高まる。

(2) 公益性

　「場」が知識創造に貢献するためには，当該「場」が，独自の意図，目的，方向性，使命等を持つ必要がある（遠山・野中，2000）。プラットフォームが公益志向なものであれば，その公益性は「場」における独自の意図，目的，方向性，使命等の共有を促し，最終的に知識移転を促すであろう。

　一方，実践コミュニティの活性化のためには重要トピックへの焦点化が重

要である（McDermott, 1999）。会議体の公益性は，付随する副次的コミュニティに対して公益増進という重要な共通目標を与え，焦点化を促す。

　第4章の定性研究では，国際航空分野の会議体において，異なる組織に属する参加者間で良好な関係が築かれ，円滑に知識が共有される事例が明らかにされた。そして，当該会議体が安全性向上という公益を志向している点が良好な関係構築を促している可能性が示唆された（第4章4.3.3項参照）。安全性という公益に資する目的が「贈答的連結」（吉田, 2008）の成立を促しているのであろう。逆に航空分野においても，公益より自組織の利害を重視する傾向にある他の会議体にあっては，このような参加者間の良好な関係が存在しないこともある（第4章4.2.2参照）。

　上記の議論から，プラットフォームの公益性の高さは，副次的コミュニティ成員間の関係性を良好なものとし，もって副次的コミュニティ有効感を高め（H6a），結果として知識移転を促進する（H6b）と予想される。

　　H6a： プラットフォームの公益性が高いほど，副次的コミュニティ有効感が高まる。
　　H6b： プラットフォームの公益性が高いほど，知識移転実感が高まる。

6.2.　方法

　データは，国際航空分野における複数の新技術関連会議体出席者に対する質問紙調査を通じて収集した。調査対象となった各会議体は計8ヶ所である。これらは，航空分野における各種関連技術の開発やその導入のための方針・ルール策定に係る議論や，情報共有・問題解決を行うために開催されているものである。調査対象となった会議体の一覧を表6.1に示す。

　各会議体においては多様な参加者による交流を通じて新技術運用ルール等が創造されており，いずれも「複数のアクターが参加し，コミュニケーションや交流することで，相互に影響し合って何らかのものや価値を生み出す場やしくみ」というプラットフォームの定義（敷田・森重・中村, 2012, p.26）

表 6.1 ● 会議体一覧（実践コミュニティを通じた知識移転に係る定量研究）

会議体	国際性	主な参加者	開催頻度	主な議題
1	国内	国（監督機関，管制機関注）	3回/年	ある将来航法システム導入に係る技術上及び運用上の課題を自由に討論。
2	国内	営利企業（運航者，製造業者）	9回/年	ある固有の種類の航空機に係る運航方式改善のための，技術上及び運用上の課題を自由に討論。その検討範囲は，航法，通信，監視の範囲に及ぶ。
3	国内	営利企業（運航者）	13回/年	各社が利用する航法用データベースに関し，共通サプライヤーに対する共同要望を定期的に取りまとめる。
4	国内	国（監督機関，管制機関），営利企業（運航者，製造業者）	6回/年	1国における，将来の航空交通システムに係る新技術導入展開計画を取りまとめる。その検討範囲は，航法，通信，監視，気象等，きわめて広範囲に及ぶ。計画年次は，今後20年超にわたる長期的なものである。
5	国際	国際機関，国（監督機関，管制機関）	3回/年	世界における将来的な航空交通管理（ATM）運用方法のあり方を検討する。
6	国際	国際機関，国（監督機関，管制機関），営利企業（製造業者，サービスプロバイダー）	2回/年	飛行方式設計及び関連分野に係る国際基準を検討する。
7	国際	国（監督機関，管制機関）	1回/年	世界のある地域における各国のPBN展開計画相互間の調整を行うとともに，課題の共有を図る。
8	国際	国際機関，国（監督機関，管制機関）	2回/年	航空交通管制（特に，航空機相互間の間隔及び経路間隔）に係る国際基準を検討する。

注：管制機関：航空管制業務提供機関の略。

を満たすと考えられる。

　航空分野においては各種新技術の開発普及が進められており，各会議体は，新技術導入に係る知識移転に関するデータ収集対象として適している。

また前章までに述べたとおり，航空分野においては会議体に付随する非公式コミュニティを通じて重要な知識が移転されている。このため，副次的コミュニティを通じた知識移転に関するデータ収集にも適している。

調査参加者の所属組織は，政府機関，運航者，航空管制業務提供機関，他のサービスプロバイダー，メーカー等であり，その属性は，政府，公団等の非営利組織と，私組織である営利企業の双方に及んだ。質問紙配布総数は372 人（うち不達 6 人），回収数 121 人，回収率 33.1% であった。また，回答者は 20 ヶ国に分布していた。

質問紙は，各会議体の事務局経由で電子メールにて送付した上で，筆者宛て直接返送するよう依頼した。配布収集は，2013 年 6 月 20 日から同 7 月 22日の間に行った。事務局からの発送としたのは，個人情報管理の観点から参加者のメールアドレスの入手が困難だったためである。また，回答の送付を事務局経由ではなく筆者へ直接としたのは，回答の秘匿性保持のためである。

収集データに基づき，AMOS[5] を使用して共分散構造分析により構成概念間の関係を検討した。分析単位は個人（プラットフォーム参加者）である。すなわち，測定対象は，外部環境，プラットフォーム及び所属組織に関する個人の認知である。

適用した構成概念と質問項目は以下のとおりである[6]。

(1) 副次的コミュニティ有効感（a =.76）

「副次的コミュニティ有効感」は，副次的コミュニティが活性化している程度に対する個人の認知を示す。すなわち，コミュニティ成員間において友好的な関係が存在し密な交流がなされていると成員自身が感じているとき，副次的コミュニティ有効感が高いという。プラットフォームたる会議体の性質や，交流の帰結である知識移転の有効性に対する構成概念ではない点に留意が必要である。本構成概念に係る質問は，Pérez-Nordtvedt et al.（2008）

5　AMOS は，IBM 社が提供する共分散構造分析用統計ソフトウェアである。
6　各構成概念に係る具体的な質問内容については，中西（2014a）付録 8 を参照のこと。

の質問項目のうち知識移転相手との関係性に係る認知に対する質問を，プラットフォームたる会議体に付随する副次的コミュニティの成員との関係性に関する質問となるように修正して作成した。質問は計4項目であり，その内容は，会議体に参加している他組織職員との間における友好関係の存在（C1），会議休憩時間中における他組織職員との交流の程度（C2），他組織職員からの会議体関連情報入手の容易さ（C3），及び，他組織職員からの会議体関連以外の情報入手に関する抵抗の少なさ（C4）に関して問うものである。これらのうち C1 は，会議体に付随する副次的コミュニティにおける成員間の関係性の良好さを直接的に測定しようとするものである。一方，C2 から C4 は，実践コミュニティにおける良好な関係が成員間の交流を促し（C2），かつ，情報交換を容易にする（C3 及び C4）との実践コミュニティに係る一般的理解に基づき，関係性を間接的に測定しようとするものである。

(2) 知識移転実感（$\alpha = .66$）

　「知識移転実感」は，プラットフォーム参加を通じた知識移転に対する実感に係る主観的認知，すなわち，プラットフォーム参加を通じてどの程度重要な知識を獲得し，また当該知識が業務上どの程度活用されていると感じるかを示すものである。上記の副次的コミュニティ有効感が成員間の関係性に係る構成概念であるのに対し，知識移転実感は，その関係性の帰結としての知識移転の有効さについて問うものである。質問項目は，Kotabe, Martin & Domoto（2003）における「技術交流（technical exchange）」概念に係る質問を修正して作成した。質問は計3項目であり，その内容は，会議体参加者との議論が業務改善に役立つ程度（R1），会議体参加を通じて重要情報を入手していると実感する程度（R2），及び，会議体参加を通じて獲得する知識の業務上の必要度（R3）に関するものである。このうち R2 は知識が移転されているという実感を直接質問している。また R1 及び R3 は，獲得知識が業務に与える影響の大きさを通じて知識移転の実感を測定しようとしている。

(3) 越境依存度（α＝.66）

「越境依存度」は，各人の業務タスク遂行において組織外部の知識に依存する程度を示す。質問項目は，Pérez-Nordtvedt et al.（2008）の「知識希少性（rareness）」概念に係る質問を修正して作成した。質問は計3項目であり，その内容は，業務上必要な知識を持つ者が自組織内において欠如している程度（Tb1），自組織内外において獲得される知識の相違度（Tb2），及び，他組織から獲得する知識の自組織内における希少度（Tb3）に関するものである。いずれも，業務遂行上，何らかの形で組織境界を越えた知識獲得が必要とされる程度を問うものである。

(4) タスク変化度（α＝.75）

「タスク変化度」は，各人のタスクの変化の速さを示す。質問項目はTushman（1977）の「プロジェクトタスク環境（project task environment）」概念に係る質問を参照して作成した。質問は計3項目であり，それぞれ，業務上必要な知識（Ts1），業務上必要なスキル（Ts2），及び業務内容（Ts3）の変化速度を直接問うものである。なお，本来，Ts1は業務に適用される宣言的知識（declarative knowledge）の変化に関して，また，Ts2は手続的知識（procedural knowledge）の変化に関して問うものである。しかしながら，これらの専門用語を使用した場合かえって回答者を混乱させると思われることから，それぞれ「知識」及び「スキル」といった平易な用語に置き換えた。

(5) 保護主義度（α＝.83）

「保護主義度」は，会議体における他の参加者の所属組織が知識の外部移転を制限する程度を示す。本構成概念は，コミュニティ成員個人ではなく，その所属組織の特性に係るものである。質問項目は，Simonin（2004）の「パートナー保護主義度（partner protectiveness）」概念に係る質問を参照して作成した。質問は計3項目であり，その内容は，会議体の他の参加者が所属組織によって知識開示を制限されていると感じる程度（M1），他の参加

者による知識秘匿の傾向（M2），及び，他の参加者が知識開示に抵抗感を示す程度（M3）に関するものである。これらのうち M1 は，会議体に参加している他メンバーの所属組織の知識開示制限傾向そのものに関する認知を問うものである。一方，M2 及び M3 は，当該所属組織の知識開示制限傾向の帰結としての会議体メンバー個人の認知と行動を問うことにより，間接的に，所属組織の知識開示制限傾向を測定しようとするものである。

(6) 目的明瞭性（$\alpha=.87$）

「目的明瞭性」は，プラットフォームすなわち会議体が明瞭な目的を持ち，かつ，参加者が当該目的を理解している程度を示す。ここでいう「目的」は，成員個人やその所属組織の目的ではなく，あくまでプラットフォームたる会議体の目的を意図している。質問項目は，Simonin（2004）における知識に係る「不明瞭性（ambiguity）」構成概念に係る質問を参照して作成した。質問は計 3 項目であり，その内容は，対象となる会議体の目的（Po1），活動とゴールのつながり（Po2），及び，予想される最終的成果（Po3）を，それぞれ回答者が自らの同僚に対して説明できる程度を問うものである。これらの質問は，「会議体が明確な目的を持ち，かつ当該目的が参加者によって理解されていれば，会議体参加者は各項目に示した事項を説明可能なはず」との想定に基づいている。

(7) 公益性（$\alpha=.77$）

「公益性」は，プラットフォームすなわち会議体の存在や，当該会議体への参加が公共の利益増進にかなう程度を示す。目的明瞭性（上記（6））と同様，公益性も，成員個人やその所属組織ではなく，あくまで会議体の性質に関する構成概念である。質問項目は，Pérez-Nordtvedt et al.（2008）における「知識有用度（knowledge usefulness）」概念に係る質問を参照して作成した。質問は計 2 項目であり，その内容は，他の参加者への知識提供が公益増進を促すと感じる程度（Pp1），及び，会議体の目的が公益志向だと感じる程度である（Pp2）。すなわち，会議体そのもの（Pp2），及び，会議体

の場等における知識提供行動（Pp1）が公益に資するものだと認知する程度を測定する。

　なお，質問は英文で作成したが，日本国内の会議体参加者に対しては質問紙和訳版を作成し，これを提示した。質問内容は，協力者 2 名に対する事前調査を経て調整した。英文についてはネイティブチェックを施し，さらに和英文間の整合性を筆者と協力者 1 名の計 2 名により確認した。各項目は，1（全く当てはまらない /strongly disagree）から 5（全く当てはまる /strongly agree）の間のリッカート 5 件法により質問した。

6.3.　結果

　図 6.2 は，得られた標準化パス係数を分析モデル上に示したものである。また，潜在変数間の標準化パス係数一覧を表 6.2 に示す[7]。

　各構成概念に関する質問項目の内的整合性を示すクロンバックの α 係数は，知識移転実感（.66）及び越境依存度（.66）がやや低いが，その他は .70 を超えており，許容範囲であると考えられる。モデルの適合度指標は，GFI ＝ .843，CFI ＝ .921，RMSEA ＝ .058 となった。モデル適合の目安としては，GFI ＞ .90，CFI ＞ .90，RMSEA ＜ .05 が用いられることが多い（例えば豊田，1998）。本モデルの適合度指標中，GFI（.843）は上記目安を満足してはいないが，CFI（.921）は満足している。また，当てはまりが悪いと判断される基準の 1 つである RMSEA ＞ .10 には該当せず，本モデルは採用可能なレベルと判断される。

　先に示した仮説の検証結果は以下のとおりである。

（1）副次的コミュニティが知識移転に及ぼす影響

　副次的コミュニティ有効感から知識移転実感への標準化パス係数は .42 で

7　標準化パス係数は，平たくいえば，変数間の関係の「強さ」を示すものといえよう。

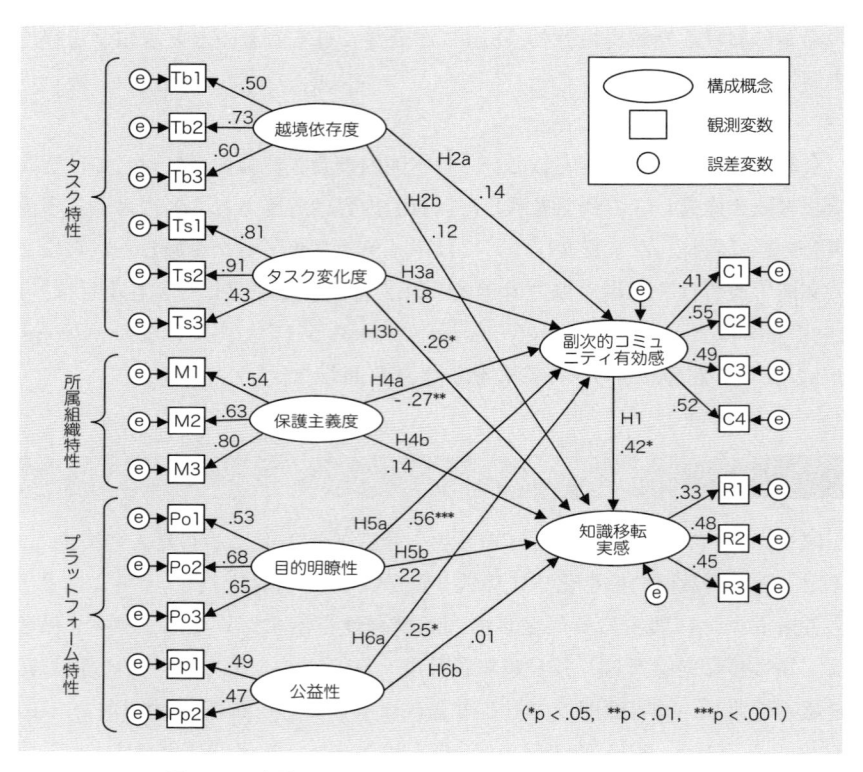

図 6.2 ● 実践コミュニティを通じた知識移転：分析結果

表 6.2 ● 標準化パス係数一覧

独立変数	従属変数	
	副次的コミュニティ有効感	知識移転実感
副次的コミュニティ有効感	—	.42 *
越境依存度	.14	.12
タスク変化度	.18	.26 *
保護主義度	− .27 **	.14
目的明瞭性	.56 ***	.22
公益性	.25 *	.01

N = 121, ＊ p ＜ .05, ＊＊ p ＜ .01, ＊＊＊ p ＜ .001

あり，有意な関係の存在が示された（p<.05）。すなわち，副次的コミュニティ有効感が高いほど知識移転実感が高いであろうという仮説 H1 は支持された。

(2) 越境依存度

越境依存度から副次的コミュニティ有効感及び知識移転実感へのパスに関しては，いずれも有意な結果は得られず，H2a 及び H2b はいずれも支持されなかった。すなわち，副次的コミュニティ有効感や知識移転実感に対して越境依存度が影響するとは結論できなかった。

(3) タスク変化度

タスク変化度に関しては，副次的コミュニティ有効感へのパスは有意ではなかったものの，知識移転実感へのパスは有意であった（p<.05）。すなわち，分析結果は，H3a を支持しなかったが，H3b を支持していた。タスク変化度の高さは副次的コミュニティを活性化するとはいえないが，何らかの形で知識移転を促すと考えられる。

(4) 保護主義度

所属組織の保護主義度から副次的コミュニティ有効感への標準化パス係数は－.27 であり，強い負の関係が示された（p<.01）。すなわち，H4a は強く支持された。当初の予想通り，組織が保護主義度を高めるほど実践コミュニティは不活性化するのである。一方，保護主義度から知識移転実感への直接効果は有意ではなく，H4b は支持されなかった。これらの結果から，保護主義度が知識移転に及ぼす影響は副次的コミュニティ有効感に媒介されていると考えられる。

(5) 目的明瞭性

プラットフォームの目的明瞭性から副次的コミュニティ有効感への標準化パス係数は .56（p<.001）であり，非常に強い関係が見出された。すなわち，

H5a は非常に強く支持された。明確な目的が示され成員によって共有されているプラットフォームほど，これに付随する副次的コミュニティは活性化するのである。一方，目的明瞭性が知識移転実感に及ぼす直接効果は支持されず，H5b は支持されなかった。これらの結果から，目的明瞭性が知識移転に及ぼす影響は副次的コミュニティ有効感に媒介されていると考えられる。

(6) 公益性

プラットフォームの公益性から副次的コミュニティ有効感への標準化パス係数は .25 であり，有意（p＜.05）であった。すなわち，H6a は支持された。公益性の高いプラットフォームほどこれに付随する副次的コミュニティは活性化するのである。一方，公益性が知識移転実感に及ぼす直接効果に関して有意な結果は得られなかった。すなわち，H6b は支持されなかった。これらの結果を総合すれば，公益性が知識移転に及ぼす影響は副次的コミュニティ有効感に媒介されていると考えられる。

6.4. 考察：知識移転のメカニズム

6.4.1. 副次的コミュニティが知識移転に及ぼす影響

データ分析結果は，第1に，副次的コミュニティ有効感と知識移転実感の間の関係の存在を支持していた。すなわち，プラットフォームに付随する副次的コミュニティにおける成員間の関係性が友好的かつ密なものとなるほど，成員間の知識移転が活発化する。この点は，実践コミュニティが知識移転に有効であるとする Roberts（2006）の主張を支持している。成員間の関係性が良好であれば，交流頻度の向上を通じて移転される知識の絶対量が増えると同時に，出し惜しみの減少を通じて，特に重要な知識の移転が促されるのであろう。

6.4.2. 副次的コミュニティを活性化する要因

次に，各独立変数と副次的コミュニティ有効感及び知識移転実感との間の

関係について考察する。

　まず，タスク変化度に関しては，副次的コミュニティ有効感へのパスは有意ではなく，知識移転実感への直接のパスのみ有意であった。すなわち，タスク変化度は知識移転実感に影響を及ぼすが，その関係は，副次的コミュニティ有効感には媒介されていない。この点は，タスク変化度が高いほど組織は外部との交流を活発化させるという Tushman（1977）の説明と異なる。

　次に，所属組織の保護主義度に関しては，副次的コミュニティ有効感に対する強い負の影響の存在が示唆された。すなわち，成員所属組織の保護主義的な態度はコミュニティ成員間の関係性に強く影響する。一方，保護主義度が知識移転実感に及ぼす直接効果は有意でなかった。すなわち，保護主義度の高さが知識移転実感に及ぼす負の影響は，副次的コミュニティ有効感の低下すなわち成員間の関係性の劣化に媒介されていると考えられる。この点は，保護主義度が知識移転を妨げるという Simonin（2004）の主張に対して具体的な説明を与えるものである。

　同様に，プラットフォームの持つ目的明瞭性が副次的コミュニティ有効感に対して強い正の影響を及ぼすことが示された。この点は，よい「場」の条件としての明確な目的の必要性（遠山・野中, 2000）を支持している。平野・ハギウ（2010）の述べるように，明確な目的が参加者の交流を刺激し，また運営者による方向付けを支援するのであろう。一方，目的明瞭性が知識移転実感に及ぼす直接効果は有意でなかった。すなわち，目的明瞭性がプラットフォーム上での知識移転に及ぼす影響は副次的コミュニティ有効感の向上に媒介されていると考えられるのである。

　また分析結果は，プラットフォームの公益性が副次的コミュニティ有効感に影響を及ぼすことを示している。この点は，実践コミュニティ成功における重要トピックへの焦点化への必要性（McDermott, 1999）や，「場」を通じた知識創造における独自の意図，目的，方向性，使命等の存在の重要性（遠山・野中, 2000）に関する先行研究の主張を支持する。同時に，公益に資する会議体ほどコミュニティ成員間において良好な関係が構築されるという第4章の分析を通じて立てた予想を支持する。

　以上が，データ分析結果から得られる考察の概要であるが，これらのうち特に公益性と実践コミュニティ及び知識移転の間の関係に関しては先行研究が見当たらず，本研究の理論的貢献といえよう。

6.4.3.　よい会議体の特徴

　前項まで，知識移転とこれを促す要因間の関係を分析した。一方，会議体毎に各変数の値を測定し各会議体の特徴を比較分析することも，会議体運営に対するより具体的な実践的含意を引き出す上で有用であろう。このため本章の分析とは別に，付録において，会議体毎にプラットフォーム特性の値を算出し，会議体間の差を検定した。その上で，副次的コミュニティ有効感や知識移転実感に関して高い値を示した会議体，すなわち「よい会議体」の特徴について考察した。

　分析結果によれば，会議体3（表6.1参照）は，副次的コミュニティ有効感及び知識移転実感に関して，他の会議体よりも有意に高い値を示していた。このため会議体3を便宜的に「よい会議体」とみなし，当該会議体に関して考察する。

　会議体3は，複数の航空会社の運航担当者が，航法用データベースに関連して，その共通サプライヤーに対する共同要望を取りまとめることを目的として開催されている。このため，有意差はないものの，その目的明瞭性は高く，数値も全会議体中最も高い値を示している。一方，公益性についても会議体3は全会議体中で最高値を示しているが，その差は有意ではなく，また，会議体の目的も少なくとも直接的には公益指向ではない。

　特筆すべきは，参加者の所属組織たる航空会社が営業上は競合関係にある点である。しかしながら，会議体3の活動は，参加企業全体としてだけでなく各会社個別にとっても明確な便益を提供し，この点が参加者による積極的な知識開示を促していると考えられる。航法用データベースの供給はサプライヤー1社によりほぼ独占されているが，このため各航空会社は，ユーザーとしての影響力を強める上で協調行動をとる必要に迫られているのである。

　一方，第4章の実践コミュニティに係る定性研究を通じて，越境型副次的

コミュニティ活性化のための環境要因の1つとして，知識開示が自らの利益を損なわない産業構造が抽出されたところである。会議体3においては，サプライヤー等に対して有効な要望を提出するために知識開示することが結果的に自らの利益につながる。この点において本比較検討結果は上記定性研究の発見事実を支持するものでもある。

6.5. まとめ

　上記の通り，副次的実践コミュニティが知識移転を促す事実が明らかにされた。この点が本章の定量研究の第1の理論的貢献である。実践コミュニティは，知識移転（Roberts, 2006）やイノベーション（Brown & Duguid, 1991；Swan, Scarbrough & Robertson, 2002）を促すといわれている。しかしながら，実践コミュニティに関する先行研究の大多数は逸話的ケーススタディであり，実証研究に乏しいと指摘されてきた（Hemmasi & Csanda, 2009）。本研究は，実践コミュニティに関する貴重な定量実証研究として今後の研究発展の可能性を切り開くとともに，実践コミュニティ論と知識移転論をつなぐ懸け橋となるものである。

　また，実践コミュニティが各要因と知識移転実感の間を媒介するという事実を示したが，これが第2の理論的貢献である。具体的には，目的明瞭性及び公益性が副次的コミュニティ有効感に媒介される形で知識移転を促していることを示した。これらは，よい「場」の条件（遠山・野中, 2000）や実践コミュニティ活性化の条件（McDermott, 1999）に係る主張を一歩踏み込んで説明するものである。また，組織の保護主義による知識移転抑制効果が実践コミュニティ不活性化に媒介されている事実を明らかにした。これは，組織の保護主義的行動が知識移転を妨げるというSimonin（2004）の説明の背景メカニズムを示すものである。このように本章の研究は，先行研究が示した，知識移転促進・阻害要因が知識移転に影響するメカニズムの一端を明らかにした。

　これらの発見を踏まえ，経営実務に対して以下のとおり示唆したい。

第1に，組織は，越境型実践コミュニティを通じた知識移転を重視すべきである。知識移転の根幹を担っているのは組織成員個人であり（例えばIn-gram & Roberts, 2000），個人の知識獲得における越境型実践コミュニティの重要性は高い。そして，6.4.3項において示したとおり，実践コミュニティを通じた知識移転は，民間営利企業においても有効である。

第2に，各組織は，知識保護主義施策の最適な在り方を模索すべきである。昨今，情報セキュリティの重要性や知的財産権保護への関心の高まりから，組織は外部への知識開示に消極的になっていると思われる。しかしながら知識開示なくして知識獲得は困難である。逆に，積極的な知識開示は良好な関係性構築を促し，より有用な知識の獲得につながる。このため，場合によっては知識秘匿ではなくむしろ積極的に知識を開示し，その姿勢をアピールすべきである。

第3に，会議体等のプラットフォームの運営者は，当該プラットフォームの目的を明示するとともに，その活動が公益増進に資する旨を強調することを通じて知識移転を促進すべきである。ここで重要なのは，明確かつ公益性のある目的を単に設定するだけでなく，これを参加者間で共有できるよう積極的に強調すべきであるという点である。なぜなら，これらの特徴は参加者によって共有されて初めて成員間の関係性向上に寄与するからである。

なお，本定量分析の課題としては，第1に，航空分野という単一分野におけるデータに基づいて実施したものであるという点が挙げられる。しかし，他分野との共通点及び相違点に留意することにより，ある程度の一般化は可能であると考えられる。

第2に，変数間における因果関係の存在を仮定してモデルを構築しているにもかかわらず，1回の質問紙調査を通じて収集したクロスセクショナルデータを使用している点が挙げられる。面接調査等により，モデルにおける因果の方向の妥当性を厳密に検証する必要がある。

第3に，組織間の競合度及び非零和度（本章脚注2参照）が副次的コミュニティ有効感や知識移転実感に及ぼす影響に関して検討していない。本定量分析ではモデル適合度低下の問題からこれらをモデルに組み込むことを断念

したが，両構成概念は定性分析を通じて抽出された重要な副次的コミュニティ活性化要因である。質問項目の見直し等，研究方法の改善を行った上で，改めて検討することが望まれる。

　また第4に，分析モデルの適合度指標のうち，CFI（.921）は.90を超え，信頼に値するレベルにあるものの，GFI（.843）は，十分というには若干足らず，RMSEA（.058）もグレーゾーンである。今後，異なるデータによる追試を行うべきである。

第7章 結論

　これまで，国際航空分野をリサーチサイトとして，PBN とよばれる新技術の世界的な普及を題材に，国際機関，政府機関，民間営利企業等の多様な組織間における知識移転プロセスを検討してきた。その際，会議体等のプラットフォームの諸機能を発見した。また，飛行方式設計者とよばれる「空の道作り」の専門家の学習プロセスに関して検討したが，そこでは越境型副次的コミュニティの存在とその役割を明らかにした。そして，発見事実を統合する形で，組織による知識移転と個人の学習の関係に関して検討を行った。

　本章では，結びとして本研究全体の発見事実をまとめ，本研究の理論的貢献と実践的含意について要約するとともに，本研究の限界及び今後の課題について述べたい。

7.1. 発見事実

　本研究による発見事実は，以下のようなものである。

(1) 副次的コミュニティ

　本研究は，公式コミュニティから派生した副次的コミュニティの存在を明らかにし，これと元の公式コミュニティとの間の互恵的関係を見出した。ここで公式コミュニティは，副次的コミュニティに対して，議論の材料となるような情報を提供する題材提供機能，及び，成員集合のための機会提供機能を果たしていた。逆に，副次的コミュニティは，公式コミュニティに対して，公式議題となるようなアイディアや問題解決のヒントを提供するインスピレーション機能，及び，公式コミュニティに対する帰属意識向上機能を果たしていた。これらの各機能を通じて形成される公式コミュニティと副次的

コミュニティの間の互恵的関係は，単体の実践コミュニティの場合にはない
ものであり，その発見は本研究の成果である。

(2) 知識移転を促すプラットフォームの機能

　本研究は，航空分野中，飛行方式設計の領域において，性能準拠型航法
（PBN：performance-based navigation）とよばれる新技術の導入に係る知
識移転に関して調査分析を行い，知識移転を促すプラットフォームの機能を
明らかにした。すなわちプラットフォームは，第1に，知識の送り手と受け
手をつなぐ機会を提供する紐帯形成機能，第2に，組織間または個人間の知
識移転に資する紐帯の維持を促す紐帯維持機能を果たしていた。知識移転に
利用される紐帯すなわち知識移転経路の多くは，当事者個別ではなく，
IFPPやタコ部屋のようなプラットフォーム上において形成及び維持されて
いたのである。そして第3に，個別の経路に沿って二者間で移転されていた
知識を多数の組織や個人によって共有する知識共有機能が抽出された。また
プラットフォームは，参加組織間での知識共有に加え，各組織に対して，従
来接点や関心のなかった領域へとその視野を拡大させる役割を担っていた。

(3) プラットフォームを支えるプロモーター機関の機能

　PBN導入のためのセミナー，ワークショップ，研修等のプラットフォー
ム上での知識移転においては，これらを運営するICAOのような外部第三
者組織が重要な役割を果たしていた。本研究は，このような外部第三者組織
を「プロモーター機関」とよんでいる。

　プロモーター機関は，知識移転において以下の機能を果たしている。すな
わち，各種プラットフォーム，文書等，知識移転の媒体を提供する媒体提供
機能，プラットフォームやその所産に対して正統性を与える正統性付与機
能，及び，知識移転に必要なリソースを提供するリソース提供機能である。

　特に，正統性付与機能は重要である。例えば，PBNは当初，民間や欧米
各国において開発された技術であったが，ICAOの関与によって国境の枠を
越え世界レベルでの正統性を獲得し，急速な普及へとつながったのである。

そして各国も，プロモーター機関である ICAO が付与した正統性を利用し，PBN 導入を推し進めたのである。PBN がいかに有用な技術であっても，ICAO の関与なくしてはこれほど急速に PBN が世界へと普及することはなかったであろう。

(4) 知識移転を媒介する副次的コミュニティ

　第6章の定量分析の結果，副次的コミュニティ有効感と知識移転実感の間の強い関係が示された。すなわち，プラットフォームに付随する副次的コミュニティにおける成員間の関係性が友好的かつ密なものとなるほど，成員間の知識移転が活発化するのである。本発見は，実践コミュニティが知識移転を促すという Roberts（2006）の主張を定量的に実証したという点に意義を持つ。

　また，副次的コミュニティが，知識移転に影響を及ぼす複数の要因と知識移転実感の間を媒介するメディエーターとして機能している事実を発見した。すなわち，プラットフォーム参加者の所属組織の保護主義度，並びに，プラットフォーム自体の目的明瞭性及び公益性は，副次的コミュニティ有効感に対して影響を及ぼしていた。ここで，副次的コミュニティ有効感が知識移転実感に影響を及ぼしているという第1の発見と組み合わせて考察することにより，上記3要因が副次的コミュニティ有効感に媒介される形で知識移転実感に影響を及ぼしているという事実が明らかになったのである。

　これらの要因に関する発見事実を整理すると，以下の通りとなる。

　まず，所属組織の保護主義度（Simonin, 2004）は，副次的コミュニティ有効感の低下を通じて知識移転に対して負の影響を与えていた。組織が知識保護的志向を高めると副次的コミュニティは不活性化し，知識移転が妨げられるのである。

　次に，プラットフォームの目的明瞭性は，副次的コミュニティ有効感の向上を通じて知識移転を促していた。明確な目的はよい「場」の条件の1つであるが（遠山・野中, 2000），本研究の結果はこの主張に通じる。また，平野・ハギウ（2010）は参加者間の交流の刺激や運営者による方向付けをプ

ラットフォーム成功の条件と述べているが，明確な目的の存在と共有がこれらの条件の充足を促し，知識移転を促進するのであろう。

そして，プラットフォームの公益性も，副次的コミュニティ有効感向上を通じて知識移転を促していた。この点は，実践コミュニティ成功における重要トピックへの焦点化への必要性（McDermott, 1999）や，「場」を通じた知識創造における独自の意図，目的，方向性，使命等の存在の重要性（遠山・野中, 2000）に関する先行研究の主張に通じる。プラットフォームの公益性が，焦点化や「場」の意図，目的，方向性，使命等の確立に寄与し，知識移転を促すと考えられるためである。

7.2. 理論的貢献

本研究の理論的貢献のうち，特に重要なものとして以下を強調しておきたい。

(1) 副次的コミュニティの発見

実践コミュニティ及び個人による学習に関する本研究の主たる理論的貢献として，副次的コミュニティを発見し，また，知識移転において副次的コミュニティが果たす機能を明らかにした点を挙げたい。

本研究は，元の公式コミュニティとは目的の異なる副次的コミュニティの存在を確認し，両コミュニティが相互に果たしている以下の4機能を抽出した。すなわち，公式コミュニティから副次的コミュニティに対しては，議論の材料となるような情報を提供する題材提供機能，及び，集合のための機会提供機能が果たされていた。また，一方の副次的コミュニティから公式コミュニティに対しては，公式議題のアイディアや問題解決のヒントを提供するインスピレーション機能，及び，公式コミュニティに対する帰属意識を向上させる帰属意識向上機能が果たされていた。

たしかに，公式コミュニティあるいは公式組織と非公式コミュニティの間の関係に関して，これまで複数の先行研究により検討がなされてきたところ

である。しかしながら，一連の先行研究が提案している非公式コミュニティ関連概念は，公式コミュニティまたは公式組織に対して一方通行的に作用する存在か，もしくは隙間実践コミュニティ（Wenger, 1990）のように公式組織に反発する存在として検討されてきたものである。一方，本研究は副次的コミュニティの概念を導入し，これを公式コミュニティとは異なる目的と共通の利益を持つ別のコミュニティとして扱った。これにより，従来見過ごされてきた公私双方の場の間に存在する互恵的関係を可視化したのである。

(2) 知識移転におけるプラットフォームの紐帯維持機能の発見

　組織による知識移転に関しては，プラットフォームが，知識移転経路となる紐帯を形成する機能のみならず，当該紐帯を維持する機能をも持つという事実を明らかにした。プラットフォームが紐帯形成を促す機能やその理由については，國領（2004）や平野・ハギウ（2010）がすでに述べているところであるが，本研究は，プラットフォームが持つ紐帯維持機能を見出した点において，先行研究の知見を補完し，理論的貢献を果たすものである。

(3) 知識移転におけるプロモーター機関の正統性付与機能の発見

　また，知識移転のためのプラットフォームに関して，プラットフォーム運営者たる公的プロモーター機関の正統性付与機能を見出し，第三者公的プロモーター機関によるプラットフォーム運営の重要性を明らかにした。公的な第三者によって運営されているからこそプラットフォーム及びその所産の正統性が担保されるのである。これは，商取引等においてプラットフォームが果たす信用付与機能（平野・ハギウ, 2010；國領, 2004）の源泉を明らかにしたものであり，先行研究の知見をより深いレベルから説明するものである。

(4) 知識移転における副次的コミュニティの役割の発見

　さらに，副次的コミュニティが知識移転を促す事実を，定量分析を通じて実証した。実践コミュニティが知識移転を促すとの主張は先行研究によりすでになされているが（Roberts, 2006），一方で，実践コミュニティ論におい

て実証研究が乏しいとの課題が指摘されてきた（Hemmasi & Csanda, 2009）。これに対して本研究は，実践コミュニティに対する成員の有効性認知と知識移転に関する実感の間の関係を，定量的に実証したのである。本研究は，実践コミュニティ論の可能性を切り開き，同時に，実践コミュニティ論と知識移転論をつなぐ懸け橋となるものである。

　また，副次的コミュニティが，先行研究によって見出された知識移転促進・阻害要因と知識移転実感の間を媒介する事実を明らかにした。具体的には，組織の保護主義による知識移転抑制効果が，実践コミュニティ不活性化を経由している事実を示した。これは，Simonin（2004）の主張を具体的に説明するものである。また，知識移転において明瞭な目的が必要だとされているが（Simonin, 2004），目的明瞭性も，副次的コミュニティ有効感に媒介されて知識移転を促していた。このように，保護主義度や目的明瞭性が副次的コミュニティ有効感をメディエーターとして知識移転に影響を及ぼすメカニズムを発見した点は，本研究の理論的貢献と位置付けることができる。

　さらに，知識移転の基盤となるプラットフォームの公益性が，副次的コミュニティ有効感に媒介され，知識移転促進要因となっている事実を発見した。公益性は本研究が新たに発見した知識移転促進要因であるという点を強調しておきたい。

7.3.　実践的含意：組織経営へのサジェスチョン

　上記の発見事実から引き出される実践的含意は以下のとおりである。これらは，組織における知識移転や成員の学習を促すためのヒントとなりうると考えられる。

　なお本研究は，航空分野の，それも飛行方式設計やPBNという一見特殊な世界を題材として行われたものであるが，ここで示すサジェスチョンは，その他の領域においても広く当てはまると思われる。国や組織の枠組みを越えた交流や組織内専門人材（石山, 2011）の活躍は今日極めて一般的なことであり，本研究が明らかにしたものと同様の現象は様々な領域で幅広く観察

されると思われるからである。

(1) プラットフォーム参加を通じた知識獲得

　前節で述べたように本研究は，個人の学習や知識移転において，会議体等のプラットフォーム及びこれに付随する副次的コミュニティが重要な役割を担っている事実を明らかにした。ここから引き出されるサジェスチョンは以下のとおりである。

　経営者は，知識獲得のための他組織とのつながりを形成・維持するにあたり，プラットフォームを有効活用すべきである。プラットフォーム参加を通じて，潜在的な知識の送り手を効率的に探索し，その送り手との間で紐帯を形成することが可能となる。そして，紐帯維持のためにプラットフォーム参加を継続活用すべきである。交流がなければ紐帯は細くなり，やがて途切れてしまう。個別に紐帯を維持するにはコストがかかるが，プラットフォームへの継続参加により，多数の相手との間をつなぐ紐帯を低コストで維持することが可能となるのである。

　また，プラットフォームに付随する非公式な副次的コミュニティを，知識獲得の機会として活用すべきである。飛行方式設計者も，外部の会議体に付随する副次的コミュニティにおける交流を通じて，他組織での先例に関する知識や関連職種に関する知識等，多くを学んでいた。面接対象者の１人であるＤ氏は，コミュニティ参加に関する自らの姿勢として「協力して，皆にとってよりよくなるようにしてゆきたいのです。あなたにとっても私にとっても」と述べていた。このような強いコミットメントは，そこで得ているものの重要性を示す証左ではないだろうか。

　このような学習機会を活用するため，マネジャーは，自ら進んで外部会議体等に参加するのみならず，部下に対してもこれを奨励することが望まれる。また単に会議に参加するだけでなく，休憩時間等を活用したネットワーキングも奨励すべきである。むしろ，休憩時間等を通じた紐帯形成・維持こそが会議体そのものへの出席以上に重要であるともいえるからである。ある経営者は，他の参加者との交流の機会を持つため，外部会議には 30 分前に

到着するように心がけていると聞く。この姿勢は正鵠を得ていよう。

　一方，会議体運営者は，会議体そのものだけでなく，参加者が形成する副次的コミュニティの活性化にも目を向けるべきであろう。朝から晩まで目一杯議論を続けるよりも，長めの休憩時間を設け，また，自由に交流可能な休憩スペースの提供や雰囲気醸成に努めるべきである。これらのちょっとした工夫によって副次的コミュニティのインスピレーション機能を刺激することが可能となり，新しいアイディアの創造を促すことを通じて，結果的に会議のパフォーマンスを向上させることができよう。

　ただしこのとき，副次的コミュニティに対して必要以上に介入しないよう留意する必要がある。実践コミュニティは本来，自ら発展すべきものであり（Liedtka, 1999），公式組織による介入はかえって非公式コミュニティの自発性を損ないかねないからである（Brown & Duguid, 1991）。

　また各組織は，知識移転を妨げないよう，知識保護主義施策を最適化すべきである。保護主義的な姿勢は，副次的コミュニティ成員間の友好的関係の構築を阻害し，密な交流を妨げてしまう。知識の提供なくして知識の獲得は困難なのである。

(2) 公的第三者機関によるプラットフォーム運営

　また本研究は，プラットフォームを運営するプロモーター機関の重要性を明らかにした（第5章参照）。特に，公的な第三者たるプロモーター機関がプラットフォーム及びその所産に対して付与する正統性が，知識移転を推し進める上で重要な要素となっていた。

　そこで，公的第三者機関によるプラットフォームの運営について提案したい。すなわち，プラットフォームにおいて特に正統性が必要とされる場合には，一企業ではなく公的機関等によりこれを運営させるべきである。知識移転において関係者間のネットワークに正統性を与え知識移転を促しているのは，プラットフォームそのものではなく，第三者たるプロモーター機関だからである。

　PBN も，ICAO によって正統性が付与され，急速に世界中に拡がっていっ

た。そのとき各国は「ICAO の方針であること」を旗印として利用し，PBN
導入を推し進めていたのである。

　ここで，正統性付与機能を発揮・活用するためには，プラットフォーム運
営者の属性に関する配慮が重要となる。例えば，ある企業が，複数の企業等
が参加するようなプラットフォームを開設する際，当該企業自身が運営者と
なるのではなく，別途公的機関に運営を委託する，あるいはプラットフォー
ム運営のための非営利組織，例えば NPO 法人（特定非営利法人）を設立す
ることも考慮すべきであろう。

(3) プラットフォームの目的の明示

　会議体に付随する副次的コミュニティを通じた知識移転を活発化させる上
で，当該会議体が明確な目的を持ち，これが参加者間において共有されるこ
とが重要である事実が明らかになった。

　このため，会議体等のプラットフォームの運営者は，当該プラットフォー
ムの目的を明示化することを通じて，副次的コミュニティの活性化を図り，
知識移転を促すべきである。プラットフォームの目的明瞭性は，副次的コ
ミュニティ有効感の向上を通じて知識移転実感を高めるからである。プラッ
トフォームの目的があいまいであると，副次的コミュニティは活性化しない
のである（第6章 6.4.2 項参照）。

　ここで，プラットフォームが明瞭な目的を持つだけでは十分ではない。参
加者によってこれらが認知され，共有されることが重要なのである。なぜな
ら，知識移転に影響を及ぼすのはあくまで成員個人の認知だからである。ま
た，プラットフォームの目的はあまり遠大なものではなく，管理可能なタイ
ムフレーム内でかつ達成可能なものが望ましい。プラットフォームの性格上
そのゴールが遠い将来に係るものである場合は，マイルストーンを設定する
等して，目的明瞭性を高めるべきであろう。

(4) プラットフォームの公益指向性の設定

　また，公益指向の会議体ほど副次的コミュニティを通じた知識移転が活発

である事実が明らかにされた。この点を生かし、プラットフォーム運営者は、当該プラットフォームの活動が公益増進に資する旨を強調することを通じて、付随する副次的コミュニティの活性化と知識移転の促進を図るべきである。

　飛行方式設計分野においては、当該分野の業務が安全という公益に直結しているという環境要因が副次的コミュニティの活性化を促していると考えられる（第4章4.3.3項参照）。公益性ゆえ、各人は、自らや自組織の利害を超越する形で積極的に知識を開示し、密な交流が生まれていたのである。逆に、飛行方式設計者のコミュニティにおいて知識を秘匿しようとする個人や組織は、空の安全性向上というコミュニティ成員が共有する価値に背を向ける者として、コミュニティ中心部から排除されてしまうのである。

　また、公益性を前面に出すことを通じて競合企業間においても有益な知識提供関係が生まれ、各社の利得がいずれも増加する Win-Win の結果が得られる可能性があるという点も重要である。

　なおここでも、プラットフォームが公益性を持つだけではなく、これをアピールすることを通じて参加者による認知を促す必要がある。目的明瞭性の場合と同様、知識移転において重要なのは成員個人の認知だからである。

7.4.　本研究の限界と今後の課題

　上記のとおり本研究は、重要な理論的貢献と実践的含意を示すことができたと考えるが、本研究の限界と今後の発展に向けた課題として以下の点について指摘しておきたい。

(1) 単一分野における分析であるという点

　本研究においては、航空分野という単一分野において、PBN あるいは飛行方式設計という単一領域に関する知識移転や学習を対象として分析を行った。このため、本研究の発見事実の一般化に際しては、慎重を期すべきである。

　一般化に際して留意すべき本研究の分析対象の特徴は以下の点である。

　第1に，航空分野における高い越境性である。すなわち，飛行方式設計分野にあっては，職場外における他者との交流を通じた越境学習の重要性が高い。組織学習レベルにおいても組織外部からの知識移転が重要である。これらの点こそが分析対象の選択理由でもあったわけである。逆に，個人の学習や組織学習が組織内部にて完結するような業種において研究を行った場合，異なる結果が得られる可能性がある。

　しかしながら，組織内あるいは職場内における学習が主たる学習となるような職種にあっても外部からの知識移転が全く不要ということはなく，何らかの形で外部知識が取り込まれているはずである。たとえ大部分の成員にとって外部との接触が稀だとしても，ゲートキーパー（Tushman, 1977）を経由した知識移転がなされていると考えられる。また，石山（2011）が示すとおり，組織内において専門的業務に従事する人材にあっても，外部からの知識獲得は重要である。これらのことから，本研究は単一分野での研究ではあるものの，類似の他分野に対してある程度の一般化は可能であろう。

　第2の特徴は，競合度の低さである。本研究のリサーチサイトにおいてはプラットフォーム参加者間の競合度が低い。そのような特徴が自由闊達な知識提供を促している可能性がある。逆に，プラットフォーム参加者間において競合度が高い場合，プラットフォーム上での知識移転は容易ではないかもしれない。この点に関しては今後，競合度の高い業種における研究を行い，競合度の低い職種との比較を行う必要があると考えられる。

　ただし，第6章6.4.3項及び付録において示したように，本来競合度の高い関係にある航空会社相互間においても，活発な知識移転が生じうる事実が明らかにされている。競合企業間であっても，共通の利益のために協調的行動をとる場合もあるのである。同様の状況は，監督当局による規制が厳しい場合にも生じる[1]。すなわち，このように規制の強い領域やサプライヤーの独占度が高い領域に対しては，本研究の知見が適用可能であるとも考えられ

1　知識移転に係る定性研究（第5章）における面接調査のインフォーマントの1人であるO氏は，航空会社間において協調的行動が必要となる理由として，航空業界における監督当局による規制の強さを挙げていた。規制緩和等の実現に向けて監督当局を動かすためには，航空会社が共同で声を上げる必要があるというのである。

る[2]。

　第3に，本研究の調査対象となった飛行方式設計者や知識移転の当事者個人は，ジェネラリストというよりもむしろスペシャリストとしての性格が強い。一般化に際しては，このような職種上の特徴についても注意が必要である。

(2) プラットフォームのパフォーマンスと知識移転の関係に係る課題

　本研究は，知識移転とプラットフォームの関係に関する検討に際し，知識移転に影響を及ぼすプラットフォーム特性として，公益性や目的明瞭性を取り上げた。しかし，これらの特性はプラットフォームの本質的なパフォーマンスを示すものではない。

　プラットフォーム上での知識移転に関する理解を深めるためには，プラットフォームのパフォーマンスと知識移転の関係に関する検討も重要であろう。優れたプラットフォームほど知識移転も活発であると考えられるためである。例えば，優れた論文が多く発表されるような学会においては，学会活動を通じて形成された紐帯を通じて，学会の論題以外の事項に関する知識移転や学習も活発になされているはずである。優れた論文や発表，そして優秀な学会会員の存在は，直接的に貴重な知識源となるだけでなく，学会加入や大会参加への誘因ともなり，紐帯の形成や維持を促すと考えられる。このようなことから，今後，プラットフォームのパフォーマンスそのものと知識移転や学習の関係についても，検討を行うべきである。

　また，本研究は，PBN 関連知識の移転や IFPP といった，比較的成功している技術移転活動や会議体を主たる題材あるいはサンプル抽出場所としている。しかしながら，世の中には失敗例や活発でない会議体も存在する。このような失敗例あるいは「悪いプラットフォーム」を対象として分析を行い，成功例や「よいプラットフォーム」と比較すべきである。これにより，知識移転成功のための条件を，より明確に抽出することが可能となろう。

---

2 要約すれば，本研究の知見は，強制的同型化（coercive isomorphism）（DiMaggio & Powell，1983）が生じやすい領域に適用可能ということができよう。

(3) プロモーター機関の機能の規定因に関する検討の必要性

　また，プロモーター機関の機能が有効となる条件に関する検討が十分でない。本研究はプロモーター機関の重要性を明らかにしたが，プロモーター機関がなくとも知識移転が円滑になされていることもある。このため，いかなる場合にプロモーター機関が必要になるか，あるいはプロモーター機関の存在が有効となるかについて，検討を行う必要がある。例えば，地理的距離，受け手から送り手へのアクセス可能性，情報探索費用，知識暗黙度，知識新規性等によって，プロモーター機関の影響力が変化する可能性がある。プロモーター機関が知識移転に与える影響に作用するこれらのモデレーター変数に関して検討すべきである。

(4) 個人的要因と学習の関係に関する検討の必要性

　実践コミュニティ及び個人の学習に係る研究に関しては，学習に影響を及ぼす要因が十分検討されていない。例えば，人材開発文化（developing culture）（Davies & Easterby-Smith, 1984）のように個人の経験種別や学習方法に影響を与える組織要因について検討していない。また，個人内要因について十分な検討を行っていない。仕事上の信念が経験学習の質を左右すると松尾（2006）が指摘するように，同じ経験から生じる学習の質や量には個人差があると考えられる。そして，個人の学習の質や量は，知識移転を含む組織学習の質と量にも影響を及ぼすであろう。

　実践コミュニティにおいて得られる経験と信念その他の個人要因の関係に焦点を当てることにより，より広い視点から，実践コミュニティにおける学習プロセス，並びに，実践コミュニティを通じた知識移転プロセスを分析することができよう。

(5) 定性研究における面接対象数

　実践コミュニティを通じた個人の学習に係る定性研究（第4章）にあっては，M-GTA（修正版グラウンデッド・セオリー・アプローチ）を適用して分析を行った。当該研究項目においては，6名に対する面接及びデータ分析

を完了した時点で分析を完了したが，この6名という面接対象者数は，一般には十分とみなされないかもしれない。当該研究項目の発見事実に関しては第6章の定量研究を通じて一定の妥当性を確認したところであるが，さらなる追加データの分析を通じて，より厳格に理論的飽和化を確認すべきである。

(6) 定量研究におけるデータ及びモデル

実践コミュニティを通じた知識移転に係る定量研究（第6章）にあっては，共分散構造分析を通じて分析を行ったが，いくつかの課題も残されている。

第1に，当該研究項目においては，変数間における因果関係の存在を仮定してモデルを構築しているにもかかわらず，1回の質問紙調査を通じて収集したクロスセクショナルデータを使用している。今後，追跡調査等を実施し，改めて妥当性を検証すべきである。

第2に，組織間の競合度及び非零和度（第6章脚注2参照）が知識移転に及ぼす影響に関して検討していない。これらは，実践コミュニティ活性化に影響を及ぼすものとして定性研究を通じて抽出された重要な要因である（第4章4.3.3項参照）。今後，これらの要因に関して改めて検討を行うべきである。

第3に，分析モデルの適合度指標のうち，CFI（.921）は.90を超え，信頼に値するレベルにあるものの，GFI（.843）は十分というには若干足らず，また，RMSEA（.058）もグレーゾーンである。今後，異なるデータによる追試を行うべきである。

7.5. 結語と将来への展望

本研究においては，国際航空分野をリサーチサイトとして，組織間における知識移転に関する検討を行った（第5章）。また，組織成員個人の学習について検討した（第4章）。なおその際，実践コミュニティ参加を通じた学

習に主眼をおいた。さらにこれらの質的研究の分析結果を統合するとともに質問紙調査を通じた定量研究を行い，知識移転と個人の学習の関係について分析を行った（第6章）。

　その結果，実践コミュニティ参加を通じた個人による学習に関しては，公式コミュニティに付随する副次的コミュニティを発見した。組織による知識移転に関しては，知識移転プラットフォームが紐帯維持を促進する機能を発見した。また，第三者たる公的プロモーター機関がもたらす正統性付与機能を抽出した。そして，実践コミュニティによる知識移転促進効果を発見した。また，副次的コミュニティ有効感が，プラットフォームの目的明瞭性及び公益性並びに所属組織保護主義度と，知識移転実感の間のメディエーターとして機能している事実を確認した。

　このような発見を通じて，本研究は，知識移転論と実践コミュニティ論，並びに両研究分野の境界領域に貢献し，経営学の発展に寄与するものと考えられる。また併せて，空の安全を守る専門家たる飛行方式設計者の素顔の一部を明らかにすることができたと思う。

　しかしながら，前節にて触れたとおり，本研究はいくつかの課題を残している。今後，これらの課題を1つずつ克服することを通じてさらに研究を精緻化し，学問の発展に貢献したいと考える。

あ と が き

　筆者は，航空会社を含む民間企業や公益法人において，異なる立場で飛行方式に接してきた。また，IFPP 参加を通じて，特に，訓練ワーキンググループ（Training Working Group）や品質保証ワーキンググループ（Quality Assurance Working Group）の座長（rapporteur）として，飛行方式設計分野の最前線を切り開く機会にも恵まれた。そしてこれらの経験を通じて感じた問題意識が，博士論文（中西, 2014a）及び先の修士論文（中西, 2011）の執筆に際して飛行方式設計分野をリサーチサイトに選んだ背景にある。

　なぜ飛行方式設計分野を取り上げて研究するのか。実務家としての筆者の本音は以下のとおりである。

　現代においては，パイロットだけが飛行機を飛ばしているのではない。パイロットでさえ，「今の飛行機はパイロットではなく FMS[1] が飛ばしている」ということもある。FMS は，いわばカーナビの飛行機版である。しかしパイロットは，視界不良の中で，外を見ずに「カーナビ」画面だけを見て飛行機を操縦する。この点は，カーナビと FMS の最大の相違点である。そしてFMS に登録されている飛行方式の内容に誤りがあれば，パイロットの操作ミスと同等の危険が生じるのである。

　以上のような背景から現代においては，パイロットと同様，飛行方式設計者や，データコーダー（方式図に示された飛行方式等を FMS に登録可能な電子データに翻訳する専門家）といったバックヤード要員の仕事が重要なものとなってきている。そして，飛行経路を設計するには高度なスキルと相当な時間が要求され，一人前の飛行方式設計者を育成するためには長い年月を要するのである。

　しかしながら，飛行方式設計分野に対する認知度は，全く不足していると

1　FMS については第 5 章脚注 16 参照。

いわざるをえない。空港を作るのにお金がかかることは誰もが容易に理解するが，飛行方式の重要性に関して社会一般においてはほとんど理解されていない。それどころか，各国の航空当局内でさえも，その認知度不足ゆえ，担当者は，飛行方式設計関連予算の確保に四苦八苦している。また，学術分野においても，心理学分野や人間工学分野においてパイロットや管制官といった現業職種を分析した研究は多いが，バックヤード要員を扱った研究は限定的である。安全を担う領域が極めて多様化しているのにもかかわらずである。

　本研究においては，飛行方式設計者及び関連分野を題材とした研究を通じて，学術上の貢献を追求するのみならず，実務において有用な実践的含意を引き出すことを目指した。研究その他の活動を通じて，航空分野におけるバックヤード業務，特に飛行方式設計分野の発展に貢献するとともにその認知度向上を図ることは，当該分野に関わってきた筆者自身の責務だと考えるからである。本研究が，飛行方式設計分野の認知度を高めるきっかけとなることを望んでやまない。

　そして今後も，学術界及び航空界の双方の発展に貢献できるような研究を続けたいと考える。

付録　「各会議体個別の特徴に係る検討」

1.　概要と目的

第6章の定量分析においては，知識移転とこれを促す要因間の関係を定量的に分析した。

一方，本付録においては，会議体別にプラットフォーム特性等の値を測定し，考察を加える。「よい会議体」を抽出し，その特徴を分析することを通じて，会議体運営に対するより具体的な実践的含意を引き出すためである。

このため，会議体別に，プラットフォーム特性（公益性及び目的明瞭性），副次的コミュニティ有効感及び知識移転実感を測定し，分散分析を通じて，その差を検定する[1]。また，副次的コミュニティ有効感や知識移転実感に関して質問紙調査参加者が高い値を評定した会議体，すなわち「よい会議体」の特徴について考察する。

2.　モデル及び変数

ここでは，副次的コミュニティ有効感等に係る個人評定の会議体内平均値を求め，その会議体間における差を1要因の分散分析によって検定した。すなわち差の検定の対象となる要因は，会議体の別である。対象となった会議体は，表A.1（表6.1と同じ）のとおり，計8ヶ所である。

測定した変数は，プラットフォームの公益性及び目的明瞭性，対象プラットフォームに付随する副次的コミュニティ有効感，並びに，プラットフォーム参加を通じた知識移転実感である。

3.　データ

データは，第6章の質問紙調査の結果を適用した。各従属変数の値としては，各構成概念に係る質問項目（2〜4項目）[2]の値（リッカート5件法尺度）の平均値を適用した。

1　換言すると，本分析では，各会議体の間で，公益性その他の変数が偶然とはいい難いレベルで異なっているか否かを検討する。
2　具体的な質問項目については，中西（2014a）付録8を参照のこと。

表 A.1 ● 会議体一覧

会議体	国際性	主な参加者	開催頻度	主な議題
1	国内	国（監督機関，管制機関[注]）	3回／年	ある将来航法システム導入に係る技術上及び運用上の課題を自由に討論。
2	国内	営利企業（運航者，製造業者）	9回／年	ある固有の種類の航空機に係る運航方式の改善のための，技術上及び運用上の課題を自由に討論。その検討範囲は，航法，通信，監視の範囲に及ぶ。
3	国内	営利企業（運航者）	13回／年	各社が利用する航法用データベースに関し，共通サプライヤーに対する共同要望を定期的に取りまとめる。
4	国内	国（監督機関，管制機関），営利企業（運航者，製造業者）	6回／年	1国における，将来の航空交通システムに係る新技術導入展開計画を取りまとめる。その検討範囲は，航法，通信，監視，気象等，きわめて広範囲に及ぶ。計画年次は，今後20年超にわたる長期的なものである。
5	国際	国際機関，国（監督機関，管制機関）	3回／年	世界における将来的な航空交通管理（ATM）運用方法のあり方を検討する。
6	国際	国際機関，国（監督機関，管制機関），営利企業（製造業者，サービスプロバイダー）	2回／年	飛行方式設計及び関連分野に係る国際基準を検討する。
7	国際	国（監督機関，管制機関）	1回／年	世界のある地域における各国のPBN展開計画相互間の調整を行うとともに，課題の共有を図る。
8	国際	国際機関，国（監督機関，管制機関）	2回／年	航空交通管制（特に，航空機相互間の間隔及び経路間隔）に係る国際基準を検討する。

注：管制機関：航空管制業務提供機関の略。

4. 結果

　記述統計は表 A.2 のとおりである。ここでは，各会議体別に各変数の平均及び標準偏差を示している。

　このように，いずれの値も比較的高くなっており，各会議体とも，その参加者によって，公益性が高くかつ明瞭な目的を持つ会議体と認知されていることになる。また各会議体とも，その参加者間の関係性は良好であり，かつ，会議体参加を通じた知識移転は有効であると認知されている。

　分散分析の結果は表 A.3 のとおりである。

　会議体間の差に関して分散分析の結果が有意であった変数は，副次的コミュニ

表 A.2 ● 記述統計

会議体	公益性		目的明瞭性		副次的コミュニティ有効感		知識移転実感	
	平均	標準偏差	平均	標準偏差	平均	標準偏差	平均	標準偏差
1	4.23	.53	3.97	.84	3.59	.84	3.58	.74
2	4.25	.64	4.12	.93	3.93	.72	3.33	.63
3	4.50	.41	4.52	.47	4.61	.28	4.33	.47
4	4.03	.69	3.67	.80	3.55	.72	3.75	.67
5	4.25	.60	4.13	.35	3.97	.60	4.00	.50
6	4.04	.87	4.12	.62	4.00	.58	3.95	.68
7	4.00	.60	4.06	.60	3.56	.64	4.00	.80
8	4.00	.58	3.97	.21	4.04	.61	3.87	.76
全体	4.13	.64	3.98	.72	3.80	.73	3.78	.71

表 A.3 ● 分散分析表

		平方和	自由度	平均平方	F 値	有意確率
公益性	グループ間	2.33	7	.33	.800	n.s.
	グループ内	46.94	113	.42		
	合計	49.26	120			
目的明瞭性	グループ間	5.89	7	.84	1.665	n.s.
	グループ内	57.16	113	.51		
	合計	63.05	120			
副次的コミュニティ有効感	グループ間	9.92	7	1.42	2.995	$p < .01$
	グループ内	53.46	113	.47		
	合計	63.38	120			
知識移転実感	グループ間	7.37	7	1.05	2.244	$p < .05$
	グループ内	53.01	113	.47		
	合計	60.38	120			

ティ有効感（$p<.01$），及び，知識移転実感（$p<.05$）であった。すなわち，付随する副次的コミュニティが活性化している会議体とそうでない会議体，また，知識移転が活発な会議体とそうでない会議体が存在する。一方，公益性及び目的明瞭性に関しては，会議体間において有意な差は見られなかった。

　次に，会議体間において有意な差が見出された副次的コミュニティ有効感及び知識移転実感に関して多重比較を行った[3]。その結果は，表 A.4 及び表 A.5 のとお

3　先の分散分析では，8つの会議体全体として，その中で変数の値にバラツキがあるか否かを検証した。一方，多重比較は，会議体1と会議体2のような個別の会議体ペアにおいて，偶然とはいい難い差があるか否かを検証するものである。

表 A.4 ● 会議体ペアに係る多重比較（副次的コミュニティ有効感）

会議体	1	2	3	4	5	6	7	8
1								
2	.34							
3	1.02*	.68						
4	−.04	−.38	−1.06**					
5	.38	.04	−.64	.42				
6	.41	.07	−.61	.45	.03			
7	−.03	−.37	−1.04*	.01	−.41	−.44		
8	.45	.11	−.57	.49	.07	.07	.48	

* p＜.05，** p＜.01

表 A.5 ● 会議体ペアに係る多重比較（知識移転実感）

会議体	1	2	3	4	5	6	7	8
1								
2	−.24							
3	.76	1.00*						
4	.18	.42	−.58					
5	.42	.67	−.33	.25				
6	.38	.62	−.38	.20	−.05			
7	.42	.67	−.33	.25	.00	.05		
8	.30	.54	−.46	.12	−.13	−.08	−.13	

* p＜.05

　りである。いずれの表においても，a_{ij}（i行j列目の値）は，副次的コミュニティ有効感及び知識移転実感に関して，会議体i内平均値から会議体j内平均値を減じた値を示している。

　このように会議体3は，副次的コミュニティ有効感に関して会議体1，4及び7に対して有意に大きな値を示すとともに，知識移転実感に関しても会議体2に対して有意に大きな値を示していた。

5. 考察

　上記のとおり，会議体3は，付随する副次的コミュニティの有効性，及び，参加を通じた知識移転に関して有意に高い値を示していた。これらの結果から見れば，会議体3は，便宜的に「よい会議体」であるということができよう[4]。このた

4　厳密には，「よい会議体」を定義する必要があるが，ここではこれ以上の議論には踏み込まない。「便宜的に」としたのはそのためである。

め，会議体3の特徴に関連して考察を行いたい。

　会議体3は，複数の航空会社の運航担当者が，航法用データベース（機上ナビ
ゲーションシステムに登録される，飛行方式等が収録されたデータ）に関連して，
その共通のサプライヤーに対する共同要望を取りまとめることを目的として，航
法用データベースの改訂サイクルに合わせ，4週間に1回開催されている。このた
め，統計的には有意でないものの，その目的明瞭性は高いと思われる。一方，そ
の開催目的に関しては，究極的には運航安全という公益を指向してはいるものの，
これが直接の目的というわけではない。

　重要なのは，参加者の所属組織たる航空会社が，営業上は競合関係にある点で
ある。しかしながら，共通の課題を議論してサプライヤーに共同要望を提出する
ことには，参加企業全体としてだけでなく各会社個別にとっても明確な便益が存
在し，この点が，参加者による積極的な知識開示を促していると考えられるので
ある。

参 考 文 献

Ahuja, G. 2000 The duality of collaboration: Inducements and opportunities in the formation of interfirm linkages. *Strategic Management Journal*, 21(3), 317–343.

Ahuja, G., Soda, G. & Zaheer, A. 2012 The genesis and dynamics of organizational networks. *Organization Science*, 23(2), 434–448.

Aiken, M. & Hage, J. 1971 The organic organization and innovation. *Sociology*, 5(1), 63–82.

Allen, T. J. 1977 *Managing the flow of technology: Technology transfer and the dissemination of technological information within the R&D organization*. Cambridge, MA: MIT Press.

Allen, T. J. & Cohen, S. I. 1969 Information flow in research and development laboratories. *Administrative Science Quarterly*, 14(1), 12–19.

Anand, N., Gardner, H. K. & Morris, T. 2007 Knowledge-based innovation: Emergence and embedding of new practice areas in management consulting firms. *Academy of Management Journal*, 50(2), 406–428.

安藤史江　2001　*組織学習と組織内地図*　白桃書房.

荒木淳子　2008　職場を越境する社会人学習のための理論的基盤の検討：ワークプレイ　スラーニング研究の類型化と再考. *経営行動科学*, 21(2), 119–128.

Argote, L., Ingram, P., Levine, J. M. & Moreland, R. L. 2000 Knowledge transfer in organizations: Learning from the experience of others. *Organizational Behavior and Human Decision Processes*, 82(1), 1–8.

Argyris, C. & Schön, D. A. 1978 *Organizational learning: A theory of action perspective*. Menlo Park, CA: Addison-Wisley.

Attewell, P. 1992 Technology diffusion and organizational learning: The case of business computing. *Organization Science*, 3(1), 1–19.

Baum, J. A. C., McEvily, B. & Rowley, T. J. 2012 Better with age? Tie longevity and the performance implications of bridging and closure. *Organization Science*, 23(2), 529–546.

Bechky, B. A. 2003 Sharing meaning across occupational communities: The transformation of understanding on a production floor. *Organization Science*, 14(3), 312–330.

Benjamin, B. A. & Podolny, J. M. 1999 Status, quality, and social order in the California wine industry. *Administrative Science Quarterly*, 44(3), 563–589.

Blåka, G. & Filstad, C. 2007 How does a newcomer construct identity? A socio-cultural approach to workplace learning. *International Journal of Lifelong Education*, 26(1), 59–73.

Bourdieu, P. 1977 *Outline of a theory of practice*. Cambridge, UK: Cambridge University Press.

Bourhis, A. & Dubé, L. 2010 'Structuring spontaneity': Investigating the impact of management practices on the success of virtual communities of practice. *Journal of Information Science*, 36(2), 175-193.

Breu, K. & Hemingway, C. 2002 Collaborative processes and knowledge creation in communities-of-practice. *Creativity and Innovation Management*, 11(3), 147-153.

Brown, J. S., Collins, A. & Duguid, P. 1989 Situated cognition and the culture of learning. *Educational Researcher*, 18(1), 32-42.

Brown, J. S. & Duguid, P. 1991 Organizational learning and communities-of-practice: Toward a unified view of working, learning and innovation. *Organization Science*, 2(1), 40-57.

Brown, J. S. & Duguid, P. 2000 *The social life of information*. Boston, MA: Harvard Business School Press.
（宮本喜一訳　なぜ IT は社会を変えないのか　日本経済新聞社　2002）

Brown, J. S. & Duguid, P. 2001 Knowledge and organization: A social-practice perspective. *Organization Science*, 12(2), 198-213.

CAD Hong Kong (Civil Aviation Department, Hong Kong) 2013 *AIC 12/13, Basic RNP1 requirement for aircraft operating at Hong Kong international airport (HKIA)*. Hong Kong.

Chang, Y., Gong, Y. & Peng, M. W. 2012 Expatriate knowledge transfer, subsidiary absorptive capacity, and subsidiary performance. *Academy of Management Journal*, 55(4), 927-948.

Chi, M. T. H., Glaser, R. & Rees, E. 1982 Expertise in problem solving. In R. J. Sternberg (Ed.), *Advances in the psychology of human intelligence* (pp.7-75). Hillsdale, NJ: Erlbaum.

Cohen, W. M. & Levinthal, D. A. 1990 Absorptive capacity: A new perspective on learning and innovation. *Administrative Science Quarterly*, 35(1), 128-152.

Contu, A. & Willmott, H. 2003 Re-embedding situatedness: The importance of power relations in learning theory. *Organization Science*, 14(3), 283-296.

Cook, S. D. N. & Brown, J. S. 1999 Bridging epistemologies: The generative dance between organizational knowledge and organizational knowing. *Organization Science*, 10(4), 381-400.

Creswell, J. W. 2003 *Research design: Qualitative, quantitative, and mixed methods approaches, 2nd Edition*. Thousand Oaks, CA: Sage.
（操華子・森岡崇訳　研究デザイン：質的・量的・そしてミックス法　日本看護協会出版会　2007）

Cross, R. & Cummings, J. N. 2004 Tie and network correlates of individual performance in knowledge-intensive work. *Academy of Management Journal*, 47(6), 928-937.

Crossan, M. M., Lane, H. W. & White, R. E. 1999 An Organizational learning framework: From intuition to institution. *Academy of Management Review*, 24(3), 522-537.

Darr, E. D., Argote, L. & Epple, D. 1995 The acquisition, transfer, and depreciation of knowledge in service organizations: Productivity in franchises. *Management Science*, 41(11), 1750-1762.

Darr, E. D. & Kurtzberg, T. R. 2000 An investigation of partner similarity dimensions on knowledge transfer. *Organizational Behavior and Human Decision Processes*, 82 (1), 28-44.

Davenport, T. H. & Prusak, L. 1998 *Working knowledge: How organizations manage what they know*. Boston, MA: Harvard Business School Press.
（梅本勝博訳　ワーキング・ナレッジ：「知」を活かす経営　生産性出版　2000）

Davies, J. & Easterby-Smith, M. 1984 Learning and developing from managerial work experiences. *Journal of Management Studies*, 21(2), 169-183.

DeFillippi, R. J. & Arthur, M. B. 1998 Paradox in project-based enterprise: The case of film making. *California Management Review*, 40(2), 125-139.

Dewar, R. D. & Dutton, J. E. 1986 The adoption of radical and incremental innovations: An empirical analysis. *Management Science*, 32(11), 1422-1433.

DiMaggio, P. J. & Powell, W. W. 1983 The iron cage revisited: Institutional isomorphism and collective rationality in organizational fields. *American Sociological Review*, 48 (2), 147-160.

Dreyfus, H. L. 1991 *Being-in-the-world: A commentary on Heidegger's* Being and time, *division I*. Cambridge, MA: MIT Press.
（門脇俊介監訳　世界内存在：「存在と時間」における日常性の解釈学　産業図書 2000）

Drucker, P. F. 1993 *Post-capitalist society*. New York, NY: Harper Collins.
（上田惇生・佐々木実智男・田代正美訳　ポスト資本主義社会：21 世紀の組織と人間 はどう変わるか　東洋経済新報社　1993）

Dyer, J. H. & Nobeoka, K. 2000 Creating and managing a high-performance knowl-edge-sharing network: The Toyota case. *Strategic Management Journal*, 21(3), 345-367.

Eisenhardt, K. M. 1989 Building theories from case study research. *Academy of Man-agement Review*, 14(4), 532-550.

Engeström, Y., Engeström, R. & Kärkkäinen, M. 1995 Polycontextuality and boundary crossing in expert cognition: Learning and problem solving in complex work activi-ties. *Learning and Instruction*, 5(4), 319-336.

Ericsson, K. A. 1996 The acquisition of expert performance: An introduction to some of the issues. In K. A. Ericsson (Ed.), *The road to excellence: The acquisition of expert performance in the arts and sciences, sports, and games* (pp.1-50). Mahwah, NJ: Lawrence Erlbaum Associates.

Ericsson, A. 2001 Expertise. In R. A. Wilson & F. C. Keil (Eds.), *The MIT encyclopedia of the cognitive sciences* (pp.298-300). Cambridge, MA: The MIT Press.

Etzioni, A. 1996 The responsive community: A communitarian perspective. *American*

Sociological Review, 16(1), 1-11.

EUROCONTROL (The European Organisation for the Safety of Air Navigation) 2013 *Navigation domain*. (URL: http://www.eurocontrol.int/navigation/pbn, accessed 2013.10.13)

Evan, W. M. 1966 Organizational lag. *Human Organization*, 25(1), 51-53.

FAA (Federal Aviation Administration) 2005 *Advisory Circular 90-100: U.S. Terminal and en route area navigation (RNAV) operations.*

Fang, Y., Jiang, G. L. F., Makino, S. & Beamish, P. W. 2010 Multinational firm knowledge, use of expatriates, and foreign subsidiary performance. *Journal of Management Studies*, 47(1), 27-54.

Fiol, C. M. & Lyles, M. A. 1985 Organizational learning. *Academy of Management Review*, 10(4), 803-813.

Foss, N. J. & Pedersen, T. 2002 Transferring knowledge in MNCs: The role of sources of subsidiary knowledge and organizational context. *Journal of International Management*, 8(1), 49-67.

Fottler, M. D. 1981 Is management really generic? *Academy of Management Review*, 6 (1), 1-12.

Fox, S. 2000 Community of practice, Foucault and actor-network theory. *Journal of Management Studies*, 37(6), 853-867.

Galbraith, C. S. 1990 Transferring core manufacturing technologies in high-technology firms. *California Management Review*, 32(4), 56-70.

Geiger, S. & Turley, D. 2005 Personal selling as a knowledge-based activity: Communities of practice in the sales force. *Irish Journal of Management*, 26(1), 61-70.

Gherardi, S., Nicolini, D. & Odella, F. 1998 Toward a social understanding of how people learn in organizations: The notion of situated curriculum. *Management Learning*, 29 (3), 273-297.

Ghoshal, S. & Bartlett, C. A. 1988 Creation, adoption, and diffusion of innovations by subsidiaries of multinational corporations. *Journal of International Business Studies*, 19(3), 365-388.

Ghoshal, S. & Bartlett, C. A. 1997 *The individualized corporation: A fundamentally new approach to management*. New York, NY: Harper Collins.
（グロービス・マネジメント・インスティテュート訳　個を活かす企業：自己変革を続ける組織の条件　ダイヤモンド社　1999）

Ghoshal, S., Korine, H. & Szulanski, G. 1994 Interunit communication in multinational corporations. *Management Science*, 40(1), 96-110.

Glaser, B. G. & Strauss, A. L. 1967 *The discovery of grounded theory: Strategies for qualitative research*. Chicago, IL: Aldine.
（後藤隆・大出春江・水野節夫訳　データ対話型理論の発見：調査からいかに理論をうみだすか　新曜社　1996）

Granovetter, M. S. 1973 The strength of weak ties. *American Journal of Sociology*, 78 (6), 1360-1380.

Grant, R. M. 1996 Toward a knowledge-based theory of the firm. *Strategic Management Journal*, 17 (Winter Special Issue), 109-122.

Greve, H. R., Baum, J. A. C., Mitsuhashi, H. & Rowley, T. J. 2010 Built to last but falling apart: Cohesion, friction, and withdrawal from interfirm alliances. *Academy of Management Journal*, 53(2), 302-322.

Gruenfeld, D. H., Martorana, P. V. & Fan, E. T. 2000 What do groups learn from their worldliest members? Direct and indirect influence in dynamic teams. *Organizational Behavior and Human Decision Processes*, 82(1), 45-59.

Gulati, R., Sytch, M. & Tatarynowicz, A. 2012 The rise and fall of small worlds: Exploring the dynamics of social structure. *Organization Science*, 23(2), 449-471.

Gupta, A. K. & Govindarajan, V. 2000 Knowledge flows within multinational corporations. *Strategic Management Journal*, 21(4), 473-496.

Handley, K., Sturdy, A., Fincham, R. & Clark, T. 2006 Within and beyond communities of practice: Making sense of learning through participation, identity and practice. *Journal of Management Studies*, 43(3), 641-653.

Hansen, M. T. 1999 The search-transfer problem: The role of weak ties in sharing knowledge across organization subunits. *Administrative Science Quarterly*, 44(1), 82-111.

原田勉 1999 *知識転換の経営学：ナレッジ・インタラクションの構造* 東洋経済新報社.

Harris, R., Simons, M., Willis, P. & Carden, P. 2003 Exploring complementarity in on- and off-job training for apprenticeships. *International Journal of Training and Development*, 7(2), 82-92.

Hedberg, B. 1981 How organizations learn and unlearn. In P. C. Nystrom & W. S. Starbuck (Eds.), *Handbook of organizational design, volume 1*, (pp.3-27). New York, NY: Oxford University Press.

Hemmasi, M. & Csanda, C. M. 2009 The effectiveness of communities of practice: An empirical study. *Journal of Managerial Issues*, 21(2), 262-279.

平野敦士カール・アンドレイ＝ハギウ 2010 *プラットフォーム戦略* 東洋経済新報社.

平野光俊 2006 *日本型人事管理：進化型の発生プロセスと機能性* 中央経済社.

Hodkinson, H. & Hodkinson, P. 2004 Rethinking the concept of community of practice in relation to schoolteachers' workplace learning. *International Journal of Training and Development*, 8(1), 21-31.

Huber, G. P. 1991 Organizational learning: The contributing processes and the literatures. *Organization Science*, 2(1), 88-115.

Hur, J. W. & Brush, T. A. 2009 Teacher participation in online communities: Why do teachers want to participate in self-generated online communities of K-12 teachers? *Journal of Research on Technology in Education*, 41(3), 279-303.

Ibarra, H. 1999 Provisional selves: Experimenting with image and identity in professional adaptation. *Administrative Science Quarterly*, 44(4), 764-791.

ICAO (International Civil Aviation Organization) 2000 *Convention on international civil aviation (Doc 7300), 8th edition*. Montreal, QC: ICAO.

ICAO (International Civil Aviation Organization) 2008 *Performance-based navigation (PBN) manual (Doc 9613), 3rd edition*. Montreal, QC: ICAO.

ICAO (International Civil Aviation Organization) 2009 *Quality assurance manual for flight procedure design (Doc 9906), 1st edition, volume 2: Flight procedure designer training (development of a flight procedure designer training programme)*. Montreal, QC: ICAO.

ICAO (International Civil Aviation Organization) 2010a *Annex 15 to the convention on international civil aviation: Aeronautical information services, 13th edition*. Montreal, QC: ICAO.

ICAO (International Civil Aviation Organization) 2010b *Assembly resolutions in force (as of 8 October 2010) (Doc 9958)*. Montreal, QC: ICAO.

ICAO (International Civil Aviation Organization) 2011 *Procedures for air navigation services – aircraft operations (PANS-OPS) (Doc 8168) volume II: Construction of visual and instrument flight procedures, 5th edition, amendment 4*. Montreal, QC: ICAO.

ICAO (International Civil Aviation Organization) 2012 *ICAO performance based navigation programme*. (URL: http://www.icao.int/safety/pbn/, accessed 2013. 12. 15).

ICAO (International Civil Aviation Organization) 2013 *Performance-based navigation (PBN) manual (Doc 9613), 4th edition*. Montreal, QC: ICAO.

ICAO (International Civil Aviation Organization) 2015 ICAO official website. (URL: http://www.icao.int/Pages/default.aspx, accessed 2015.05.05)

ICAO (International Civil Aviation Organization) 2016a *Annex 11 to the convention on international civil aviation: Air traffic services, 14th edition*. Montreal, QC: ICAO.

ICAO (International Civil Aviation Organization) 2016b *Annex 6 to the convention on international civil aviation: Operation of aircraft, Part I – International commercial air transport – aeroplanes, 10th edition*. Montreal, QC: ICAO.

ICAO APAC Office (International Civil Aviation Organization Asia and Pacific Office) 2013 *ICAO APAC Office website*. (URL: http://www.bangkok.icao.int/, accessed 2013.06.07)

Ingram, P. & Roberts, P. W. 2000 Friendships among competitors in the Sydney hotel industry. *American Journal of Sociology*, 106(2), 387-423.

Inkpen, A. C. & Tsang, E. W. K. 2005 Social capital, networks, and knowledge transfer. *Academy of Management Review*, 30(1), 146-165.

井上達彦 2012 模倣の経営学：偉大なる会社はマネから生まれる 日経 BP 社.

犬塚篤　2010　3層知識ネットワークデータを用いた知識変換の影響力の定量化：ゲートキーパー・トランスフォーマー機能の再検討. *組織科学*, 43(4), 46-58.

石山恒貴　2011　組織内専門人材の専門領域コミットメントと越境的能力開発の役割. *イノベーション・マネジメント*, 8, 17-36.

石山恒貴　2016　企業内外の実践共同体に同時に参加するナレッジ・ブローカー（知識の仲介者）概念の検討. *経営行動科学*, 29(1), 17-33.

石塚浩　2005　知識移転を妨げる要因への対応. *情報研究*, 33, 23-34.

伊丹敬之　2005　*場の論理とマネジメント*　東洋経済新報社.

JAA (Joint Aviation Authorities) 2000 *Temporary guidance leaflet No. 10: Airworthiness and operational approval for precision RNAV operations in designated European airspace*. Hoofddorp, JAA.

Jensen, M. & Roy, A. 2008 Staging exchange partner choices: When do status and reputation matter? *Academy of Management Journal*, 51(3), 495-516.

香川秀太　2011　状況論の拡大：状況的学習，文脈横断，そして共同体間の「境界」を問う議論へ. *認知科学*, 18(4), 604-623.

金井壽宏　1994　*企業者ネットワーキングの世界：MIT とボストン近辺の企業者コミュニティの探求*　白桃書房.

金井壽宏　2002　*仕事で「一皮むける」：関経連「一皮むけた経験」に学ぶ*　光文社.

金光淳　2003　*社会ネットワーク分析の基礎：社会的関係資本論にむけて*　勁草書房.

金綱基志　2005　社会的共同体としての組織とグローバル知識移転能力. *日本経営学会誌*, 13, 112-125.

川喜田二郎　1967　*発想法：創造性開発のために*　中央公論新社.

Kim, D. H. 1993 A framework and methodology for linking individual and organizational learning: Applications in TQM and product development. *Unpublished Ph.D. dissertation, Massachusetts Institute of Technology*. (http://dspace.mit.edu/handle/1721.1/12657, accessed 2013.12.15)

木下康仁　2003　*グラウンデッド・セオリー・アプローチの実践：質的研究への誘い*　弘文堂.

木下康仁　2007　*ライブ講義M-GTA　実践的質的研究法：修正版グラウンデッド・セオリー・アプローチのすべて*　弘文堂.

Kogut, B & Zander, U. 1992 Knowledge of the firm, combinative capabilities, and the replication of technology. *Organization Science*, 3(3), 383-397.

Kogut, B & Zander, U. 1993 Knowledge of the firm and the evolutionary theory of the multinational corporation. *Journal of International Business Studies*, 24(4), 625-645.

小島廣光　1990　公組織と私組織の比較研究. *經濟學研究*, 40(3), 86-94.

小島廣光・平本健太（編著）　2011　*戦略的協働の本質：NPO，政府，企業の価値創造*　有斐閣.

Koka, B. R., Madhavan, R. & Prescott, J. E. 2006 The evolution of interfirm networks: Environmental effects on patterns of network change. *Academy of Management Re-*

view, 31(3), 721-737.

国土交通省航空局　*航空路誌（Aeronautical Infromation Publication）*.

國領二郎　2004　*オープン・ソリューション社会の構想*　日本経済新聞社.

國領二郎　2011　創発のプラットフォーム. 公文俊平（編著）*情報社会学概論*（pp.211-237），NTT 出版.

國領二郎・野中郁次郎・片岡雅憲　2003　*ネットワーク社会の知識経営*　NTT 出版.

Kolb, D. A. 1984 *Experiential learning: Experience as the source of learning and development.* Upper Saddle River, NJ: Prentice Hall.

Kotabe, M., Martin, X. & Domoto, H. 2003 Gaining from vertical partnerships: Knowledge transfer, relationship duration, and supplier performance improvement in the U.S. and Japanese automotive industries. *Strategic Management Journal*, 24(4), 293-316.

古澤和行　2008　実践コミュニティ・ラーニングとイノベーション：インテルのバスの事例.　吉田孟史（編）*コミュニティ・ラーニング：組織学習論の新展開*（pp.115-141）ナカニシヤ出版.

Krackhardt, D. 1992 The strength of strong ties: The importance of philos in organizations. In N. Nohria & R. G. Eccles (Eds.), *Networks and organizations: Structure, form, and action*（pp.216-239). Boston, MA: Harvard Business School Press.

ラッチェム，コリン　2002　ICT を活用した学習ネットワークと実践共同体. *メディア教育研究*, 8, 15-24.

Lane, P. J. & Lubatkin, M. 1998 Relative absorptive capacity and interorganizational learning. *Strategic Management Journal*, 19(5), 461-477.

Lave, J. & Wenger, E. 1991 *Situated learning: Legitimate peripheral participation.* New York, NY: Cambridge University Press.
（佐伯胖訳　*状況に埋め込まれた学習：正統的周辺参加*　産業図書 1993）

Leonard, D. & Swap, W. 2005 *Deep smarts: How to cultivate and transfer enduring business wisdom.* Boston, MA: Harvard Business School Press.
（池村千秋訳　*「経験知」を伝える技術：ディープスマートの本質*　ランダムハウス講談社　2005）

Leonard-Barton, D. 1995 *Wellspring of knowledge: Building and sustaining the source of innovation.* Boston, MA: Harvard Business School Press.
（阿部孝太郎・田畑暁生訳　*知識の源泉：イノベーションの構築と持続*　ダイヤモンド社　2001）

Levin, D. Z. & Cross, R. 2004 The strength of weak ties you can trust: The mediating role of trust in effective knowledge transfer. *Management Science*, 50(11), 1477-1490.

Levinthal, D. A. & March, J. G. 1993 The myopia of learning. *Strategic Management Journal*, 14, 95-112.

Levitt, B. & March, J. G. 1988 Organizational learning. *Annual Review of Sociology*, 14,

319–340.

Liedtka, J. 1999 Linking competitive advantage with communities of practice. *Journal of Management Inquiry*, 8(1), 5–16.

Lindkvist, L. 2005 Knowledge communities and knowledge collectivities: A typology of knowledge work in groups. *Journal of Management Studies*, 42(6), 1189–1210.

牧野由香里・福田惠子　2005　授業改善の実践共同体における遠隔ネットワーキングの可能性. *日本教育工学会論文誌*, 29(2), 79–92.

March, J. G. 1991 Exploration and exploitation in organizational learning. *Organization Science*, 2(1), 71–87.

March, J. G. & Olsen, J. P. 1976 *Ambiguity and choice in organizations*. Bergen: Universitetsforlaget.

　（遠田雄志・アリソン＝ユング訳　*組織におけるあいまいさと決定*　有斐閣 1986）

Mariotti, F. & Delbridge, R. 2012 Overcoming network overload and redundancy in interorganizational networks: The roles of potential and latent ties. *Organization Science*, 23(2), 511–528.

松本雄一　2013　実践共同体における学習と熟達化. *日本労働研究雑誌*, 639, 15–26.

松尾睦　2006　*経験からの学習：プロフェッショナルへの成長プロセス*　同文舘出版.

松尾睦　2009　*学習する病院組織：患者志向の構造化とリーダーシップ*　同文舘出版.

松尾睦　2010　実践コミュニティとしての日本知的財産協会. *知財管理*, 60(10), 1617–1631.

Matusik, S. F. & Hill, C. W. L. 1998 The utilization of contingent work, knowledge creation, and competitive advantage. *Academy of Management Review*, 23(4), 680–697.

McCall, M. W., Lombardo, M. M. & Morrison, A. M. 1988 *The lessons of experience: How successful executives develop on the Job*. New York, NY: Free Press.

McDaniel, M.A., Schmidt, F. L. & Hunter, J. E. 1988 Job experience correlates of job performance. *Journal of Applied Psychology*, 73(2), 327–330.

McDermott, R. 1999 Learning across teams: How to build communities of practice in team organizations. *Knowledge Management Review*, 8 (May–June), 32–36.

McEvily, B., Jaffee, J. & Tortoriello, M. 2012 Not all bridging ties are equal: Network imprinting and firm growth in the Nashville legal industry, 1933–1978. *Organization Science*, 23(2), 547–563.

M-GTA 研究会ウェブサイト.（URL：http://m-gta.jp/, accessed 2013.09.09）

Miner, A. S. & Mezias, S. J. 1996 Ugly duckling no more: Pasts and futures of organizational learning research. *Organization Science*, 7(1), 88–99.

Mitsuhashi, H. & Greve, H. R. 2009 A matching theory of alliance formation and organizational success: Complementarity and compatibility. *Academy of Management Journal*, 52(5), 975–995.

Mitton, C., Adair, C. E., McKenzie, E., Patten, S. B. & Perry, B. W. 2007 Knowledge transfer and exchange: Review and synthesis of the literature. *Milbank Quarterly*,

85(4), 729-768.

Mohr, L. B. 1969 Determinants of innovation in organizations. *American Political Science Review*, 63(1), 111-126.

長岡栄　2010　広域航法（RNAV）から性能準拠航法（PBN）への変遷. *電子情報通信学会技術研究報告. SANE, 宇宙・航行エレクトロニクス*, 109(397), 107-112.

中原淳　2010　*職場学習論：仕事の学びを科学する*　東京大学出版会.

中西善信　2009　*飛行方式設計入門：進入・出発方式の世界へのいざない*　鳳文書林.

中西善信　2011　*飛行方式設計者の熟達化プロセス：ニッチ分野のプレイングマネジャーはコミュニティの中でいかに学ぶか.* 放送大学大学院文化科学研究科修士論文.

中西善信　2012　PBN時代の飛行方式：その安全維持のために必要なもの. *日本人間工学会 航空人間工学部会第94回例会発表資料.*

中西善信　2013a　*RNAVハンドブック：FBNの理解と普及のために*　鳳文書林.

中西善信　2013b　熟達化における副次的実践コミュニティの意義：航空分野における技術会合参加を通じた学習. *経営行動科学*, 26(1), 31-44.

中西善信　2013c　知識移転の構成概念とプロセス：知識の使用とルーチン形成の相互作用. *日本経営学会誌*, 31, 27-38.

中西善信　2014a　*実践コミュニティを通じた知識移転：国際航空分野における新技術の普及.* 神戸大学大学院経営学研究科博士論文
（URL: http://www.lib.kobe-u.ac.jp/repository/thesis/d1/D1006116y.pdf, accessed 2016.02.03）

中西善信　2014b　知識移転を促すプラットフォーム：国際航空分野における新技術の普及. *日本経営学会誌*, 33, 16-27.

中西善信　2015　実践共同体の次元と類型化. *日本労務学会誌*, 16(1), 60-73.

Nonaka, I. & Konno, N 1998 The concept of "Ba": Building a foundation for knowledge creation. *California Management Review*, 40(3), 40-54.

野中郁次郎・紺野登　1999　*知識経営のすすめ：ナレッジマネジメントとその時代*　筑摩書房.

Nonaka, I. & Takeuchi, H. 1995 *The knowledge-creating company: How Japanese companies create the dynamics of innovation.* New York, NY: Oxford University Press.（梅本勝博訳　*知識創造企業*　東洋経済新報社　1996）

Oborn, E. & Dawson, S. 2010 Learning across communities of practice: An examination of multidisciplinary work. *British Journal of Management*, 21(4), 843-858.

Orr, J. E. 1996 *Talking about machines: An ethnography of a modern job.* Ithaca, NY: Cornell University Press.

Osterloh, M. & Frey, B. S. 2000 Motivation, knowledge transfer, and organizational forms. *Organization Science*, 11(5), 538-550.

Pérez-Nordtvedt, L., Kedia, B. L., Datta, D. K. & Rasheed, A. A. 2008 Effectiveness and efficiency of cross-border knowledge transfer: An empirical examination. *Journal of Management Studies*, 45(4), 714-744.

Perry, J. L. & Rainey, H. G. 1988 The public-private distinction in organization theory: A critique and research strategy. *Academy of Management Review*, 13(2), 182-201.

Podolny, J. M. 1994 Market uncertainty and the social character of economic exchange. *Administrative Science Quarterly*, 39(3), 458-483.

Polanyi, M. 1983 *The tacit dimension*. Gloucester, MA: Peter Smith.
（高橋勇夫訳　暗黙知の次元　筑摩書房 2003）

Powell, W. W. 1990 Neither market nor hierarchy: Network forms of organization. *Research in Organizational Behavior*, 12, 295-336.

Rainey, H. G., Backoff, R. W. & Levine, C. H. 1976 Comparing public and private organizations. *Public Administration Review*, 36(2), 233-244.

Raz, A. E. 2007 Communities of practice or communities of coping? *Learning Organization*, 14(4), 375-387.

Reagans, R. & McEvily, B. 2003 Network structure and knowledge transfer: The effects of cohesion and range. *Administrative Science Quarterly*, 48(2), 240-267.

Reinholt, M., Pedersen, T. & Foss, N. J. 2011 Why a central network position isn't enough: The role of motivation and ability for knowledge sharing in employee networks. *Academy of Management Journal*, 54(6), 1277-1297.

RNAV/ATM 推進協議会　2008　*RNAV（広域航法）ロードマップ第2版（一部改訂）*　国土交通省航空局.

RNAV 連絡協議会　2005　*RNAV ロードマップ*　国土交通省航空局.

Roberts, J. 2006 Limit to communities of practice. *Journal of Management Studies*, 43(3), 623-639.

RTCA 2003 *Minimum aviation system performance standards: Required navigation performance for area navigation（DO236B）*. Washington DC: RTCA.

Ruggles, R. 1998 The state of the notion: Knowledge management in practice. *California Management Review*, 40(3), 80-89.

Ryle, G. 1949 *The concept of mind*. London: Hutchinson.
（坂本百大・井上治子・服部裕幸訳　心の概念　みすず書房　1987）

戈木クレイグヒル滋子　2006　*グラウンデッド・セオリー・アプローチ：理論を生みだすまで*　新曜社.

Schein, E. H. 1984 Coming to a new awareness of organizational culture. *Sloan Management Review*, 25(2), 3-16.

Shannon, C. E. 1948 A mathematical theory of communication. *Bell System Technical Journal*, 27, 379-423 & 623-656.

敷田麻実・森重昌之・中村壯一郎　2012　中間システムの役割を持つ地域プラットフォームの必要性とその構造分析. *国際広報メディア・観光学ジャーナル*, 14, 23-42.

Shrivastava, P. 1983 A typology of organizational learning systems. *Journal of Management Studies*, 20(1), 7-28.

Simon, H. A. 1991 Bounded rationality and organizational learning. *Organization Sci-*

ence, 2(1), 125-134.

Simonin, B. L. 1999 Ambiguity and the process of knowledge transfer in strategic alliances. *Strategic Management Journal*, 20(7), 595-623.

Simonin, B. L. 2004 An empirical investigation of the process of knowledge transfer in international strategic alliances. *Journal of International Business Studies*, 35(5), 407-427.

Starkey, K., Barnatt, C. & Tempest, S. 2000 Beyond networks and hierarchies: Latent organizations in the U.K. television industry. *Organization Science*, 11(3), 299-305.

Strauss, A. & Corbin, J. 1998 *Basics of qualitative research: Techniques and procedures for developing grounded theory, 2nd edition*. Thousand Oaks, CA: Sage.
（操華子・森岡崇訳　質的研究の基礎：*グラウンデッド・セオリー開発の技法と手順*〔第2版〕　医学書院　2004）

Stuart, T. E. 2000 Interorganizational alliances and the performance of firms: A study of growth and innovation rates in high-technology industry. *Strategic Management Journal*, 21(8), 791-811.

鈴木淳子　2005　*調査的面接の技法（第2版）*　ナカニシヤ出版.

Swan, J., Scarbrough, H. & Robertson, M. 2002 The construction of 'communities of practice' in the management of innovation. *Management Learning*, 33(4), 477-496.

Szulanski, G. 1996 Exploring internal stickiness: Impediments to the transfer of best practice within the firm. *Strategic Management Journal*, 17, Winter Special Issue: 27-43.

Szulanski, G. 2000 The process of knowledge transfer: A diachronic analysis of stickiness. *Organizational Behavior and Human Decision Processes*, 82(1), 9-27.

Tagliaventi, M. R. & Mattarelli, E. 2006 The role of networks of practice, value sharing, and operational proximity in knowledge flows between professional groups. *Human Relations*, 59(3), 291-319.

高木光太郎　1999　正統的周辺参加論におけるアイデンティティ構築概念の拡張：実践共同体間移動を視野に入れた学習論のために. *東京学芸大学海外子女教育センター研究紀要*, 10, 1-14.

高尾美沙子・苅宿俊文　2008　ワークショップスタッフの実践共同体における十全性の獲得のプロセスについて. *日本教育工学会論文誌*, 32 Supplement, 133-136.

谷口智彦　2006　*マネジャーのキャリアと学習：コンテクスト・アプローチによる仕事経験分析*　白桃書房.

遠山亮子・野中郁次郎　2000　「よい場」と革新的リーダーシップ：組織的知識創造についての試論. *一橋ビジネスレビュー*, 48(1-2), 4-17.

豊田秀樹　1998　*共分散構造分析 入門編：構造方程式モデリング*　朝倉書店.

Tsai, W. 2001 Knowledge transfer in intraorganizational networks: Effects of network position and absorptive capacity on business unit innovation and performance. *Academy of Management Journal*, 44(5), 996-1004.

Tsang, E. W. K. 1997 Organizational learning and the learning organization: A dichotomy between descriptive and prescriptive research. *Human Relations*, 50(1), 73-89.

Tushman, M. L. 1977 Special boundary roles in the innovation process. *Administrative Science Quarterly*, 22(4), 587-605.

上野直樹　1999　*仕事の中での学習：状況論的アプローチ*　東京大学出版会.

Utterback, J. M. 1996 *Mastering the dynamics of innovation, 2nd revised*. Boston, MA: Harvard Business School Press.
　（大津正和・小川進監訳　*イノベーション・ダイナミクス：事例から学ぶ技術戦略*　有斐閣　1998）

van Wijk, R., Jansen, J. J. P. & Lyles, M. A. 2008 Inter- and intra-organizational knowledge transfer: A meta-analytic review and assessment of its antecedents and consequences. *Journal of Management Studies*, 45(4), 830-853.

Varella, P., Javidan, M. & Waldman, D. A. 2012 A model of instrumental networks: The roles of socialized charismatic leadership and group behavior. *Organization Science*, 23(2), 582-595.

Vavasseur, C. B. & MacGregor, S. K. 2008 Extending content-focused professional development through online communities of practice. *Journal of Research on Technology in Education*, 40(4), 517-536.

Venters, W. & Wood, B. 2007 Degenerative structures which inhibit the emergence of communities of practice: A case study of knowledge management in the British Council. *Information Systems Journal*, 17, 349-368.

von Hippel, E. 1988 *The source of innovation*. New York, NY: Oxford University Press.
　（榊原清則訳　*イノベーションの源泉：真のイノベーターはだれか*　ダイヤモンド社　1991）

von Hippel, E. 1994 "Sticky information" and the locus of problem solving: Implications for innovation. *Management Science*, 40(4), 429-439.

von Krogh, G., Nonaka, I. & Ichijo, K. 1997 Develop knowledge activists! *European Management Journal*, 15(5), 475-483.

若林直樹　2009　*ネットワーク組織：社会ネットワーク論からの新たな組織像*　有斐閣.

Wellman, B. 1979 The community question: The intimate networks of East Yorkers. *American Journal of Sociology*, 84(5), 1201-1231.

Wenger, E. 1990 *Toward a theory of cultural transparency: Elements of a social discourse of the visible and the invisible*. Palo Alto, CA: Institute for Research on Learning.

Wenger, E. 1998 *Communities of practice: Learning, meaning, and identity*. New York, NY: Cambridge University Press.

Wenger, E., McDermott, R. & Snyder, W. M. 2002 *Cultivating communities of practice: A guide to managing knowledge*. Boston, MA: Harvard Business School Press.
　（櫻井祐子訳　*コミュニティ・オブ・プラクティス：ナレッジ社会の新たな知識形態*

の実践　翔泳社 2002)

Westney, D. E. 1987 *Imitation and innovation: The transfer of Western organizational patterns to Meiji Japan.* Cambridge, MA: Harvard University Press.

山内祐平　2003　学校と専門家を結ぶ実践共同体のエスノグラフィー. *日本教育工学会論文誌*, 26(4), 299-308.

山住勝広・ユーリア＝エンゲストローム　2008　*ノットワーキング：結び合う人間活動の創造へ*　新曜社.

安田雪　1997　*ネットワーク分析：何が行為を決定するか*　新曜社.

吉田孟史　2008　コミュニティ・ラーニングとは. 吉田孟史（編）　*コミュニティ・ラーニング：組織学習論の新展開*（pp.1-38）ナカニシヤ出版.

財団法人航空交通管制協会　2005　*ICAO 概論（第10 版）*　航空交通管制協会.

Zander, U. & Kogut, B. 1995 Knowledge and the speed of the transfer and imitation of organizational capabilities：An empirical test. *Organization Science*, 6(1), 76-92.

初 出 一 覧

　以下に，本書の内容の元となった論文と本書での該当箇所を示す。ただし，本書執筆にあたり内容を大幅に修正している。

第 1 章
　　書き下ろし
第 2 章
　　2.1 節：
　　「知識移転の構成概念とプロセス：知識の使用とルーチン形成の相互作用」『日本経営学会誌』第 31 号，pp.27-38，2013 年

　　2.2 節：
　　「実践共同体の次元と類型化」『日本労務学会誌』第 16 巻第 1 号，pp.60-73，2015 年

　　2.3 節：
　　書き下ろし
第 3 章
　　書き下ろし
第 4 章
　　「熟達化における副次的実践コミュニティの意義：航空分野における技術会合参加を通じた学習」『経営行動科学』第 26 巻第 1 号，pp.31-44，2013 年
第 5 章
　　「知識移転を促すプラットフォーム：国際航空分野における新技術の普及」『日本経営学会誌』第 33 号，pp.16-27，2014 年
第 6 章
　　書き下ろし
第 7 章
　　書き下ろし

事 項 索 引

人 名 索 引

■著者略歴

中 西　善 信（なかにし　よしのぶ）

1969 年	奈良市生まれ
1992 年	京都大学理学部（数学）卒業
2011 年	放送大学大学院文化科学研究科修士課程 修了　修士（学術）
2014 年	神戸大学大学院経営学研究科博士後期課程 修了　博士（経営学）
現 在	長崎大学経済学部　准教授

全日本空輸株式会社，財団法人航空交通管制協会等を経て，2015 年より現職。国際民間航空機関（ICAO）飛行方式パネル（IFPP）アドバイザー，前・品質保証ワーキンググループ座長。国立研究開発法人宇宙航空研究開発機構 客員研究員。国立研究開発法人海上・港湾・航空技術研究所電子航法研究所 客員研究員。

主な著作

「正統性獲得行動と説明責任：公共調達制度改革の意図せざる結果」『組織科学』
　　第 51 巻第 1 号，2017 年
『改訂版 飛行方式設計入門：進入・出発方式の世界へのいざない』鳳文書林，2009 年
『RNAV ハンドブック：PBN の理解と普及のために』鳳文書林，2013 年

■ 知識移転のダイナミズム
　　——実践コミュニティは国境を越えて　　　　　　　　〈検印省略〉

■ 発行日── 2018 年 1 月 16 日　　初版発行

■ 著　者──中西善信（なかにしよしのぶ）

■ 発行者──大矢栄一郎

■ 発行所──株式会社 白桃書房（はくとうしょぼう）
　　〒 101-0021　東京都千代田区外神田 5-1-15
　　☎ 03-3836-4781　FAX 03-3836-9370　振替 00100-4-20192
　　http://www.hakutou.co.jp/

■ 印刷・製本──三和印刷

好 評 書

日本のキャリア研究
―組織人のキャリア・ダイナミクス

金井壽宏・鈴木竜太編著

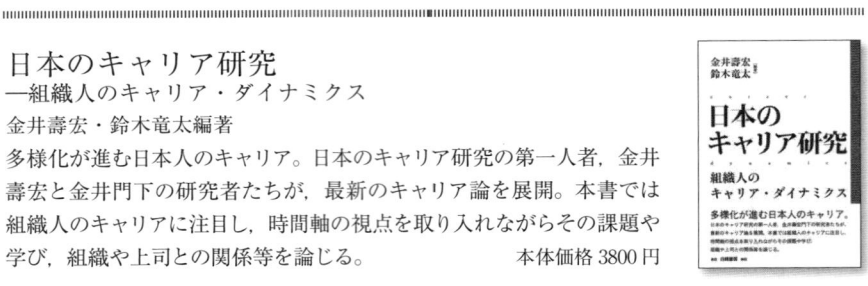

多様化が進む日本人のキャリア。日本のキャリア研究の第一人者，金井
壽宏と金井門下の研究者たちが，最新のキャリア論を展開。本書では
組織人のキャリアに注目し，時間軸の視点を取り入れながらその課題や
学び，組織や上司との関係等を論じる。　　　　　　本体価格 3800 円

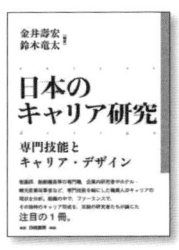

日本のキャリア研究
―専門技能とキャリア・デザイン

金井壽宏・鈴木竜太編著

看護師，船舶職員等の専門職，企業内研究者やホテル・観光産業従事
者など，専門技能を軸にした職業人のキャリアの現状を分析。組織の中
で，フリーランスで，その独特のキャリア形成を，金井壽宏と金井門下
の気鋭の研究者たちが論じている。　　　　　　　本体価格 3500 円

組織文化とリーダーシップ

E.H. シャイン著　梅津祐良・横山哲夫訳

リーダーが築き，定着させた組織文化。それはメンバーに共有の前提
認識として組織に深く入り込む。組織文化創造と変革，そのマネジメン
トのダイナミックなプロセスが，リーダーの果たす役割とともに明らか
になる。　　　　　　　　　　　　　　　　　　　本体価格 4000 円

組織変革のレバレッジ
―困難が跳躍に変わるメカニズム

安藤史江著者代表　浅井秀明・伊藤秀仁・杉原浩志・浦倫彰著

組織変革の定義・必要性まで遡り検討し，「危機意識はあるのに，動け
ない」など，これまでほとんど考えられてこなかった変革の際に起きが
ちな4つの困難について，変革のレバレッジ（テコ）となる「切り替え
スイッチ」の存在を指摘，その見つけ方を示唆。　　本体価格 3800 円

白桃書房
本広告の価格は税抜き価格です。別途消費税がかかります。